AF321971

Marcel Detienne

Les dieux d'Orphée

Gallimard

Marcel Detienne est Gildersleeve Professor à l'Université Johns Hopkins, Baltimore, USA, et directeur d'études (honoré) aux Hautes Études, Paris, Sorbonne.

AVERTISSEMENT DE L'AUTEUR

Naguère un livre, baptisé *L'Écriture d'Orphée*, paru dans la collection « L'Infini » de Philippe Sollers, a fait connaître à quelques lecteurs certains aspects de la mythologie, ici mise en perspective. Dans *Les dieux d'Orphée* on ne retrouvera ni « La grue et le labyrinthe », ni « La puissance du jaillissement », ni « Une écriture inventive… avec les jeux de Palamède », ni « La rumeur… », ni « Le mythe, en plus ou en moins », ni enfin « La double écriture de la mythologie ». Ni fleurs, ni couronnes.

Envol

Orphée a plusieurs lignes de vie. J'ai choisi
celle qui se trace sur le sable de la mer Noire et
va droit sur la « vie » — vers la « mort » et très directement vers la « vie » qui n'a plus souci de la
« mort ». Ce n'est pas l'Orphée de loisir chan-
tant le voyage d'hiver des Argonautes, ni l'Orphée des Enfers avec les livres en « discours sacrés » de l'Enchanteur.

J'ai suivi sa ligne de risque, la ligne de vie qui
l'expose le plus sûrement : en assumant un
genre de vie absolument séparé de ceux et de celles qui naissent citoyens programmés, dressés à
s'entretuer autour de leurs autels ensanglantés.
Il y a d'abord l'Orphée qui dénonce le meurtre
et le sang versé de la vie quotidienne. Cette vio-

lence est visible, elle est lisible dans les histoires des dieux et des déesses que se plaisent à écouter ses contemporains dans les banquets, dans les joutes poétiques autant que dans les bribes de récits qui les paraphrasent ici et là, elle se donne à voir dans des gestes aussi simples que planter un olivier, dresser la table ou faire l'amour dans un lit.

Il faut à Orphée un genre de vie sans concession. Il lui faut aussi des dieux radicalement différents. En offrir une esquisse, et précisément dans l'entrelacement de Dionysos et d'Apollon, me semble une manière de faire entrevoir un coin de la mythologie des autres comme Orphée la voyait, en dissident extrême.

Automne 2006
En terre de Johns Hopkins

CHAPITRE PREMIER

L'Orphée de la mer Noire

Orphée naît poète ; d'emblée il est le « père des chants[1] », *le* poète. Ni les Muses, ni Apollon, ses ascendants naturels, ne lui font de l'ombre. Avant d'apparaître sur les bords de la mer Noire ou au sommet des montagnes de Thrace, Orphée possède le pouvoir absolu de charmer les animaux et les êtres les plus sauvages. En lui s'incarnent la voix et la musique, le chant qui fait venir à soi, les arbres et les pierres, les poissons et les oiseaux du ciel[2]. Nul autre parmi les dieux et les hommes ne peut rivaliser avec lui.

L'« Enchanteur », l'Orphée citharède surgit pour nous vers 570 avant notre ère sur un petit vase à figures noires[3]. Il s'avance d'un pas décidé, comme encadré par deux gros oiseaux irrités à tête de femme, les Sirènes de la mythologie des passages impossibles. Une étrange frêle silhouette armée d'une lyre se fraye un chemin entre les puissances à la voix de mort, les hybrides à plumes dont la sexualité ne cesse de glisser entre le virginal, le masculin à barbe et la double identité sans trouble. Une première épiphanie d'Orphée affirme la puissance de la voix, son triomphe sur les incantations mortifères des Sirènes.

Une voix s'élève qui ne ressemble à aucune autre ; elle surgit au-delà du chant qui récite et raconte ; elle est antérieure à la voix des aèdes, des citharèdes célébrant les hauts faits des hommes ou les privilèges assignés aux puissances divines. Comme une voix primordiale, antérieure à la parole articulée et qui excède le cercle de ses auditeurs, qu'ils soient de roches, habitants de l'air ou bêtes féroces à visage humain. Dans cette première voix, avant qu'elle ne devienne ici ou là récit de la genèse des dieux en même temps, peut-être, que de la naissance de l'espèce humaine, il y a la liberté extrême de tout englober sans se perdre dans la confusion, mais encore d'inviter à l'acceptation de chaque vie et de toute chose, en refusant le devenir d'un monde habité par le morcellement et le démembrement.

Quand autour d'Orphée et de sa lyre commencent à se rassembler les représentants de l'espèce humaine, ils montrent le visage de la guerre et de la sauvagerie, mais comme détourné, purifié déjà de leurs violences naturelles. Ce sont des guerriers thraces, revêtus de peaux de bêtes, de manteaux bariolés ; ils sortent de la forêt comme bondissent des vagues de la mer les poissons médusés par le chant d'Orphée. Il faut le noter : au milieu de ses farouches auditeurs, l'Enchanteur a la tête couronnée de laurier, il est parfaitement habillé à la grecque et semble tellement apollinien que seule la vêture de son entourage thrace permet de le distinguer de l'Apollon citharède, son père, dit-on[4]. Tandis que sur les vases d'Italie du Sud, c'est en grand uniforme thrace ou en somptueux habits orientalisants que le même grand Enchanteur s'en va aux Enfers à la quête d'Eurydice et pour d'autres voyages impossibles au cœur du royaume d'Hadès.

Triomphe sur la mort qu'entendent partager ses fidèles que nous allons découvrir. Une grande amphore apulienne, publiée en 1976, fait voir un « Orphée aux Enfers », jouant de la lyre, debout en face d'un mort héroïsé, noblement assis dans un édicule[5]. Un mort qui serre dans la main gauche un rouleau de papyrus, sans doute un livre dit d'Orphée, comme celui retrouvé à Derveni à proximité d'une tombe du IVe siècle avant notre ère. Autre image forte : l'amphore d'Altamura avec ses deux registres, celui de l'Orphée citharède devant le Seigneur des Enfers, et, au niveau inférieur celui des condamnés à perpétuité avec les Danaïdes versant sans relâche l'eau dans la jarre sans fond[6]. Aux autres, aux « initiés », sont promis le banquet et la félicité des Bienheureux.

En Italie du Sud comme dans les représentations de la tragédie du Vᵉ siècle ou le livre de Derveni, il faut insister sur ce fait essentiel, la voix d'Orphée se prolonge en écriture matérielle ! Le chant se fait livre. Une voix dessine des signes d'écriture grecque sur les tablettes thraces[7]. S'instaure, dès le VIᵉ siècle, un grand « tumulte de livres », comme dira Platon en sa nouvelle bibliothèque[8]. Et la librairie d'Orphée raconte la naissance du monde et la genèse des dieux. Ce sont les « théogonies » successives, citées et commentées jusqu'à la fin de l'Antiquité. D'autres livres, rangés dans des boîtes voisines, prescrivent un régime alimentaire, invitent à des sacrifices purs et de fumées odorantes, ordonnancés, par exemple, dans l'ouvrage intitulé *Thuèpolikon* — ou comment offrir des offrandes non sanglantes —, ouvrage perdu à ce jour mais auquel Platon, encore lui, fait directement allusion dans la *République,* quand il polémique avec des sectateurs « d'Orphée et de Musée[9] ».

*

Étrangeté d'Orphée, avec ses transgressions[10], les excès expérimentés entre la descente aux Enfers, la mort tragique quand une meute furieuse de femmes le déchire, ses écritures théogoniques délirantes, enfin ses interdits alimentaires et ses fantasmes sexuels. Orphée se veut un absolu. Je n'entends pas ici en approcher les raisons. Plutôt que de prendre mesure des limites qui surgissent entre l'orphisme et son Orphée, je voudrais explorer l'arrière-pays offert à l'éclosion de l'Enchanteur.

En Grèce ancienne, Orphée agit comme un passeur exercé entre les récits de la mythologie et les allées et venues constantes des dieux qui l'habitent. Son premier paysage, et ce livre aimerait en reconnaître deux ou trois sites, c'est le haut et profond massif de la mythologie, où font sillage les puissances divines qui s'entre-croisent, s'agencent et s'entrelacent comme il arrive dans les sociétés dites « polythéistes », où les dieux sont toujours au pluriel.

Depuis longtemps, à voir les nuages autour du mont Olympe, circulent de par le monde grec des histoires comme les récits de la fondation de Thèbes et les semailles d'autochtonie, la souillure d'Œdipe en la Cité aux Sept Portes, le combat homérique des Lapithes et des Centaures, la chasse héroïque au sanglier de Calydon, la bête monstrueuse entre Méléagre et Artémis. Très ancienne aussi la douleur insupportable de Niobé, effondrée au milieu des cadavres de ses enfants si beaux, fléchés sans pitié par Apollon et sa sœur Artémis ; comme les récits autour d'Héphaïstos, le forgeron du ciel ; les errances de l'enfant Dionysos entre les fonds marins et les cavernes lointaines. Autant d'histoires, survivant aux déluges et aux séismes ordinaires, et qui constituent pour nous, nés après Homère, la matière en expansion de la mythologie, de la grande tradition des récits devenus mémorables, parfois même inoubliables.

Raconter des histoires, convenons-en, reste une donnée première. Une sorte de besoin vital dans l'histoire de l'espèce humaine, même si elle souffre d'abord de la soif et de la faim avant de connaître des maux plus terribles. Raconter, faire un récit, cela donne forme à une des plus anciennes formulations de « mythologiser », en langue grecque. C'était hier, et au cœur de l'*Odyssée*. Démodocos, l'aède aveugle (le « malvoyant » dirait-on de l'autre côté de l'Atlantique), vient d'arrêter son chant, « comme s'il y était » : le cheval de bois tiré devant le temple d'Athéna dans la cité de Priam ; une nuit de feu et de sang saisit Troie à la gorge ; Apollon, la haine au ventre, s'enfuit par une porte dérobée. Le tour d'Ulysse est venu. À la manière d'un aède qui voit tout de ses yeux et sans l'aide des Muses, il commence à *se* raconter, à dire le retour impossible, les caresses de Calypso, après le massacre étourdi des Bœufs du Soleil. Les histoires sont enfilées comme les perles d'un collier, et, à la fin, Ulysse rappelle, ainsi qu'un bon aède, qu'il convient de ne jamais « redire une histoire déjà dite », en grec, c'est de ne pas « mythologiser », *muthologeuein*. Il semble que la répétition pure et simple s'oppose ici à la « performance » du conteur, ce que d'aucuns appelleraient « l'invention de la bouche et de l'oreille » quand entrent en compétition les meilleurs[11].

Rien ne permet de croire que les sociétés dites traditionnelles se conforment toujours au modèle de l'héritage sans bénéfice d'inventaire[12]. Pour y voir un peu plus clair, nous pourrions distinguer, dans le contexte grec d'une part, une « mythologie-cadre », de l'autre, une « mythologie-savoir[13] ». La première se définirait comme un système de pensée, fondé sur un savoir culturel partagé dans le temps long d'une douzaine de siècles. Il serait formé par un vaste réseau de récits et de narrations mythiques, entremêlé avec ce que nous appelons le ou les polythéismes, en accord avec la vision indigène depuis Eschyle au moins, à savoir la toile souple et serrée des relations entre puissances divines, entre dieux qui sont toujours « au pluriel », à facettes, et connexes en leurs agencements variés[14]. Polythéisme et mythologie sont constitutifs de la culture des sociétés grecques. Mais que ce soit dans l'Inde ancienne, dans l'Afrique de l'Ouest, au Japon ou dans la Rome antique, une multiplicité de puissances divines semble souvent inséparable d'un réseau formé par les fibres nerveuses d'une série de récits mythiques.

À l'intérieur d'une « mythologie-cadre », il y a place pour une « mythologie-savoir ». Elle peut débuter par un discours discret sur la tradition, comme la remarque accidentelle d'Ulysse-aède à propos d'une répétition « si déplaisante ». Elle peut se continuer avec diverses formes d'écriture des récits mythiques : « archéologies » locales, histoires-mémoires, généalogies, ou bien exercices graphiques mêlant récits, images et interprétations plus ou moins savantes. L'existence vraisemblable, ici et là, de « docteurs de la mémoire » ou d'amateurs éclairés prenant en charge des pans entiers de ces récits traditionnels n'est pas une raison suffisante pour mettre en doute l'unité d'ensemble d'une mythologie-tradition comme cadre de pensée ou de savoir. En Grèce, en particulier de l'époque archaïque jusqu'au IVe siècle de Platon, les poètes assument le rôle essentiel d'éducateurs de la cité qui reste ignorante de ce que nous appelons, depuis le XIXe siècle, l'école publique. D'évidence, dans les milieux connus sous le label « homérides » ou dans d'autres cercles d'aèdes, les poètes s'exerçaient à composer des œuvres chantées de type épique, mélique ou lyrique qui allaient progressivement se distribuer entre genres poétiques plus ou moins différenciés.

*

C'est au-delà des Thraces et de leurs atrocités légendaires que le royaume des Scythes s'ouvre sur le sable de la mer Noire. Tout un vaste pays offert à l'invasion de cités nouvelles, fondées par les Grecs partis d'Asie Mineure. Olbia est l'une d'elles, la Cité bienheureuse, avec son port et la presqu'île de Berezan. Le touriste d'Halicarnasse, Hérodote, aux allures d'anthropologue, connaissait bien les bords du Dniepr qu'il appelait Borysthène. Les métissages ne sont pas toujours heureux, et Hérodote raconte comment Skylès, couronné roi des Scythes, aimait conduire ses cavaliers et ses chariots vers le pays des Borysthénites, ces gens venus de Milet avec leurs armures, leurs tissus et leurs architectes habiles à élever des murailles et des temples. Skylès s'était pris d'amour pour le grec, sa mère le lui avait appris, et, chaque année, le royal bilingue venait passer quelques semaines à Olbia, au milieu de ses chers Borysthénites. Se croyant donc à l'abri des regards de ses cavaliers, Skylès voulut se faire initier au culte fascinant d'un dieu que les Grecs d'Olbia appelaient entre eux : Dionysos *Baccheios*. Une puissance mystérieuse « sous laquelle » l'on faisait l'expérience de la possession et d'un délire sans précédent. Des transports bacchiques fort appréciés entre Olbiopolitains, mais qui, à peine découverts par les plus nobles des Scythes, les scandalisèrent si vivement qu'ils prirent, dans l'intérêt de leur

« nation », la décision de mettre un terme à l'hellénisation de Skylès. Il eut donc la tête coupée[15].

Depuis les années soixante-dix du dernier millénaire, les fouilles alors soviétiques ont ramené dans leurs filets objets et inscriptions de l'époque archaïque. Non seulement des lettres sur feuille de plomb, mais aussi des miroirs de bronze dont l'un, par exemple, atteste par deux fois un Dionysos *Lènaios*, avec le cri *Euai*, plus connu sous la forme Evohé[16] ! L'agora d'Olbia, soigneusement explorée, permettait de localiser sur le côté nord un sanctuaire d'Apollon, l'Apollon *Delphinios*, du Dauphin, à l'entour duquel étaient exposés les décrets de la cité, pour ceux et celles qui « voulaient en faire lecture », comme le disent souvent les stèles gravées à des fins de « publicité ». Or c'est, semble-t-il, à proximité du sanctuaire d'Apollon qu'ont été retrouvées plusieurs petites tablettes en os, écrites recto-verso et révélant, pour la première fois sur un site archéologique, des gens s'appelant eux-mêmes « orphiques », d'Orphée. D'Orphée ou « orphique », comme il y a, nous le savions depuis longtemps, un genre de vie à la manière d'Orphée. Platon, dans les *Lois*, en esquisse les traits dominants, nous allons y revenir. Le même ensemble de « graffiti » sur os fait connaître une série de mots, de notions qui appartiennent tous au champ intellectuel du milieu philosophico-religieux du VIe siècle. Qu'on en juge : d'abord la triade « vie-mort-vie » (*bios-thanatos-bios*) qui est centrale dans le « genre de vie orphique » ; ensuite, la notion de « vérité » (*alètheia*), suivie du nom abrégé de « Dionysos » (*Dio*), précédant l'autodésignation singulière « orphiques » (*orphikoî*) ; une autre tablette présente deux paires contrastées : paix-guerre (*eirènè-polemos*), et vérité-tromperie (*alètheia-pseudos*) avec le nom de Dionysos, à nouveau. Dernier des graffiti découverts à ce jour : « Dionysos » toujours, devant deux binômes, l'un, déjà attesté, « vérité-tromperie » (*alètheia-pseudos*), l'autre opposant « corps-âme » (*sôma-psychè*), couple également fondamental dans le vouloir vivre d'Orphée[17]. Les poètes, dès qu'il y en a en Grèce, font partie de ceux qui, créateurs, « font »-*poiein*, fabriquent des choses, qu'elles soient des objets précieux, tissus ou armures, ou des chants habilement tissés qui relèvent de la même « sophie » ou *sophia*, une « sagesse » partagée à la fois par des « artisans » et des « experts », et couvrant aussi bien la prudence de l'action que l'habileté des savoirs organisés en règles et procédés. C'est en tant que « sages », promis aux classements connus sous l'étiquette « Les Sept Sages », que les poètes s'imposent comme des « éducateurs », je l'ai indiqué rapidement. Éduquer, en français, se substitue tardivement à « nourrir » : le centaure Chiron, je pense à celui de Primatice dans les fresques du château de Fontainebleau, « nourrit » Achille de tout ce qu'il sait, l'art de la chasse et de la guerre, la connaissance des simples et l'ordre des puissances divines selon leurs compétences. Avec son double registre, celui de la « naissance des dieux » articulée à la souveraineté de Zeus, et, le second, plus prosaïque des *Travaux et les Jours* qui décrit un « genre de vie » fondé sur sa propre « vérité », Hésiode, poète et paysan d'Ascra en Boétie, impose un type de sage éducateur entre les communautés-villages et les premières formes de cité (*polis*). Mais il représente un poète-sage-éducateur, encore engagé dans les concours pour funérailles royales dans les petites principautés, plus ou moins déclinantes. Pas plus qu'Hésiode, Orphée ne doit se dissoudre dans un anonymat légendaire sinon étymologique. La sagesse d'Orphée excède le cercle des banquets qui convient à Xénophane de Colophon ou à Théognis de Mégare, de même qu'elle est et reste étrangère à l'autre cercle, choisi par Solon d'Athènes, celui de l'agora, requis par l'aède-législateur et éducateur de sa propre cité. Aède et sage, Orphée l'est plus que tout autre, de même qu'il choisit la voie, si neuve en ce VIᵉ siècle, du fondateur, le fondateur, non pas d'une cité, mais d'un *genre de vie*[18].

Pour qui aime se promener le soir dans l'arrière-pays des statues en marche de Dédale, Orphée évoque le nom parlant de Pythagore, qui sait ? « celui qui parle au nom de Pythien », d'Apollon le Pythien depuis Delphes, le sanctuaire où logent tête-bêche Dionysos et Apollon. Pour l'heure qui tombe, il suffit de se tenir aux abords de ce que les Grecs appellent « vie-genre de vie », *bios*, en écho à la formule d'une des tablettes de la mer Noire, le « vie-mort-vie » (*bios-thanatos-bios*). Deux fois la « vie ». De même que Pythagore s'impose à la mémoire de Platon comme le fondateur d'un « genre de vie » dit pythagoricien — redisons-le, c'est le *bios pythagorikos*, peut-être une première forme du « genre de vie philosophique » —, Orphée trace le chemin d'un genre de vie qui conduit vers la vie, la vraie vie, en traversant le royaume de la Mort. Une confrontation sous plusieurs angles de l'un et l'autre « genre de vie » serait certes fort éclairante, comme un simple contraste permet de l'entrevoir [19]. Car le Pythagore, venu de Samos en Grande Grèce, dans une terre où le champ du politique est si ouvertement expérimental, entend fonder une *cité* nouvelle dans le cadre d'une cité préexistante ; il inaugure une sorte de réforme de la « vie politique », celle du citoyen es-qualités, en inventant des exercices et physiques et spirituels destinés au cercle étroit de ses disciples, et, par élargissement mesuré, à l'ensemble de ceux qui, en principe, ont part aux « affaires communes ».

Une cité grecque moyenne oscille entre 500 et
3 000 citoyens.

Pythagore fait donc le choix du « politique »,
un « genre de vie » nouveau, dessiné dans le cercle de la cité et de son agora. Tandis que son
contemporain Orphée choisit un genre de vie
hors le politique, et même qui *refuse* la cité et
récuse son système de valeurs. Pour les contemporains d'Aristophane[20] et de Socrate, l'enseignement d'Orphée se résume en une phrase :
« Il a appris aux hommes à s'abstenir de *meurtres* », de *phonoi*. Le mot grec *phonos* signifie à la
fois « meurtre » et « sang versé » ; il appartient
à la fois à une législation sur l'homicide et au
vocabulaire du sacrifice sanglant et alimentaire.
Orphée n'est pas venu apprendre aux hommes
le respect de la vie humaine ; la cité avec ses tribunaux du sang s'en était chargée, et, très tôt,
comme le montrent les textes des premières
lois relatives au sang versé d'un citoyen ou d'un
étranger sur la terre de la cité. Pour entendre
correctement le sens de l'enseignement d'Orphée, il suffit de mettre le « s'abstenir de meurtres » en regard des pratiques alimentaires et des
conduites sacrificielles des disciples d'Orphée.
Du VIe au IVe siècle, les Orphiques sont des margi-
naux, des errants et surtout des « renonçants », à
savoir qu'ils ont choisi de renoncer au monde,
au monde de ceux qui vivent en cité. Ce renon-
cement s'exprime dans un genre de vie, avec

ses règles strictes, dont les *Lois* de Platon[21] sont un témoin parmi d'autres : ne pas toucher au bœuf, s'abstenir de toute viande, n'offrir aux dieux que des gâteaux ou des fruits trempés dans le miel. Le « genre de vie » orphique implique un régime alimentaire et sacrificiel dont la philosophie implicite prescrit qu'il est impie et impur de manger carné et de souiller de sang les autels réservés aux dieux.

Renoncer à faire couler le sang des victimes animales, ce n'est pas seulement refuser de manger de la viande, qui pourrait sembler « être végétarien » au sens qui nous est devenu familier par d'autres voies, c'est se mettre volontairement en dehors du monde de la cité et à l'écart des citoyens qui, lors des fêtes et actes les plus « politiques », prennent part aux sacrifices publics, financés par la cité quand l'assemblée dite des « affaires sacrées » fixe le prix des victimes et le calendrier sacrificiel des fêtes de la cité[22]. La moitié des « lois » dites de Solon, il faut le savoir, se présente comme un énorme calendrier sacrificiel.

Double est l'enseignement d'Orphée, lit-on dans Aristophane : non seulement ne pas faire couler le sang, mais aussi découvrir les « initiations », les *télétai* ! Orphée est, en effet, l'initiateur d'un genre de vie qui conduit ses adeptes au salut, en passant par la mort réservée à ceux qui ont choisi de ne porter que des habits de couleur blanche et refusé de se laisser ensevelir dans une pièce d'étoffe de laine parce que la laine est aussi part entière du vivant. Alors que Pythagore condamne l'écriture et la mise en écrit de son enseignement, Orphée fait choix du livre, et son chant, je l'ai rappelé, se fait écriture au pluriel. En bonne place parmi ses écrits « anciens », il y a l'*Initiation*, la *Télétè*, avec le récit, majeur pour le genre de vie orphique, de la mise à mort de l'enfant Dionysos qui fut dévoré par les dieux Titans au cours d'un premier sacrifice, horrible et sanglant[23]. Un premier sacrifice qui, selon Orphée, permet de comprendre l'origine de l'espèce humaine et motive puissamment la pratique du « genre de vie » établi par l'Enchanteur et les siens[24].

Prendre pour guide la voix d'Orphée, c'est, je l'ai indiqué, suivre le passeur entre mythologie et polythéisme en certaines de leurs métamorphoses. Plus précisément, c'est faire choix d'un vrai marginal, d'un déviant qui se démarque d'autres contemporains et, aussi, d'un dissident, le plus opposé à ce que la plupart des cités de la Grèce ancienne considèrent comme les mœurs et coutumes, l'ensemble des pratiques plus ou moins communes, l'équivalent de ce que le XVIIIe siècle appelait la « religion civile ». Il faut le dire encore, les quelques mots gravés sur les minuscules tablettes de la mer Noire semblent étrangement ébaucher les deux ou trois singularités de la dissidence d'Orphée. D'abord, celle d'un genre de vie qui s'énonce en « vérité », sous le signe de Dionysos ; un genre de vie qui permet de se sauver de la vie s'achevant dans la mort commune et d'accéder en tant qu'initié d'Orphée à la vraie vie, celle d'une âme, *psychè*, séparée, délivrée du corps, *sôma*, qui en était la tombe et la prison. La formule « vie-mort-vie », « vérité », « Dionysos » se termine par « orphiques », ceux qui suivent le chemin tracé par Orphée et ses pratiques de sainteté. Autant que la notion de « vérité », celle de « guerre » opposée à « paix » met l'accent sur un autre aspect de la « vie orphique » : sa haine du sang versé par le bronze et le fer, que ce soit le glaive des hommes qui font la guerre ou le couteau à égorger du sacrificateur à l'autel.

D'autres découvertes peuvent survenir. Mais à bien regarder ce que nous avons aujourd'hui sous les yeux, les Orphiques ne semblent pas attacher une grande importance à la gent féminine[25]. Pareil silence, mis à part un unique « rien de plus chien qu'une femme » dans tout « le corpus », peut sembler banal. Pour qui s'intéresse au genre de vie établi par Orphée, il est plus intéressant d'observer qu'il n'y a pas d'Orphiques au féminin. Alors que, dans le genre de vie des Pythagoriciens, les femmes ne sont nullement exclues. Le projet de Pythagore vise à réformer la cité, et il exige donc une réorganisation de l'unité familiale, de la maison, *oikos* en grec. Il conduit très directement, nous en avons les preuves, à prendre en charge la réglementation des comportements féminins : un des discours tenus à Crotone par Pythagore s'adresse aux « femmes mariées » afin de les « convertir » à l'enseignement de Pythagore. Les femmes, qu'elles soient épouses, citoyennes ou prêtresses-citoyennes comme le sont sans doute celles d'Héra, première divinité de Crotone, les femmes constituent, sinon la moitié exacte de la cité, assurément une part essentielle et vitale du corps social et politique[26].

Qu'Orphée ait été mis à mort par des femmes, nous allons voir comment ; qu'il ait, par ailleurs, voulu descendre aux Enfers pour l'amour de celle qui est encore aujourd'hui Eurydice ne doit pas faire oublier que la question de la sexualité et des rapports entre le masculin et le féminin se pose sans doute avec acuité pour une pensée qui entend rendre compte de l'apparition de l'espèce humaine dans un monde tel qu'il est, c'est-à-dire marqué, et marqué au fer rouge, par la séparation entre les dieux et les mortels, des mortels condamnés à s'entretuer, et, sans le savoir, chaque jour. Il est temps de nous tourner vers l'Orphée réécrivant les dieux, les dieux que nous appellerons « de la cité », en général.

CHAPITRE II

Entre Apollon et Dionysos

Pour entrer en dissidence, dans une culture où il n'y a jamais eu d'orthodoxie, non plus que quelque chose appelé « religion », pratiquer un genre de vie semble plus important que dispenser ou recevoir un enseignement homogène et cohérent. Les disciples de Pythagore se sont toujours constitués en confréries, ceux qui se disaient d'Orphée n'ont jamais formé une « Église » non plus qu'une assemblée permanente autour de son fondateur. Très tôt, la voix d'Orphée s'écrit, que ce soit avec les quelques mots témoins provenant d'Olbia ou dans le poème sur la naissance des dieux découvert à Derveni, à proximité de Salonique. Il s'agit, rappelons-le, d'un rouleau de papyrus, à demi rongé par les flammes d'un bûcher et sauvé à moitié en 1962. Le plus ancien livre grec, quand même il se présente comme un commentaire philosophique et allégorique de vers composés au Ve siècle, approximativement[1].

Le choix de l'écriture et des livres semble aussi spécifique que le régime alimentaire. Dans la bibliothèque d'Orphée, les livres se bouscullent, et, sur deux siècles, entre les tablettes de la mer Noire et les livres colportés par ceux que Platon appelle avec mépris les « Orphéotélestes », vendeurs de recettes-pour-mystères, combien n'y a-t-il pas de manières différentes de se dire ou d'être désigné comme disciple ou dévot d'Orphée ? Dans le tumulte livresque, si fâcheux pour les oreilles de Platon, nous commençons, nous modernes, à distinguer des mots, des notions qui font sens, par deux, par trois, et, bientôt, par phrases comme celles du poème orphique de Derveni avec ses gloses et ses exégèses. Il y a, certes, les mots riches de signification pour parler de l'espèce humaine à travers la complémentarité d'un *corps* et d'une *âme*, ou pour évoquer le genre de vie avec la triade « vie-mort-vie », aimantée par une « vérité » qui se dit si proche de Dionysos. Un Dionysos trop longtemps soupçonné par la gent philologique souffrant d'hypercritique. Alors que son frère, Apollon, maître du sanctuaire majeur d'Olbia, n'est sûrement pas un étranger dans les tracés polythéistes d'Orphée qui lui aurait même voué un culte, jugé trop exclusif dans une tradition vers laquelle il nous faudra aller.

Quels sont donc les dieux d'Orphée ? et pourquoi les écrire ? En quoi les théogonies sont-elles une part du genre de vie qui conduit les adeptes d'Orphée à faire leur salut ? Si les Orphiques sont des renonçants, ne leur suffit-il pas de s'exercer à la sainteté, de cultiver des techniques de purification afin de se séparer de ceux qu'ils disent assujettis aux meurtres et condamnés à l'impureté ? Renoncer à la mondanité de la vie en cité, ce n'est pas seulement trouver dans le rejet radical du manger-carné-ensemble un avant-goût de la vie avec les dieux, les dieux d'avant les autels ensanglantés, c'est aussi pour ce mysticisme d'intellectuels et de « théologiens », au sens grec, repenser à grands frais la genèse du monde et réécrire l'histoire entière des dieux, celle qui sévit dans l'ensemble des cités d'hommes. Dans le monde grec, le plus vaste dans le temps et dans l'espace, il en va des dieux comme des pratiques sacrificielles : c'est un même appareil où sont strictement ajustés le politique, le social et le religieux. De même que s'abstenir de viande équivaut à se mettre « hors cité », car l'exercice du sacrifice sanglant appartient à la trame même du politique, renoncer aux dieux des autres conduit à mettre en cause l'édifice entier de la vie en cité. Le polythéisme grec est ainsi né qu'il noyaute le lien social et fait comme partie intégrante du « politique », au sens large. Dans l'organisation de l'espace public, celui qui domine les groupes organisés en cités, les relations entre les puissances divines tissent une dimension symbolique, fondatrice et active, d'une efficace sûre à travers un réseau de gestes, de pratiques, de cérémonies qui mobilisent des pouvoirs divins, font jouer les antagonismes et les complémentarités entre dieux, différenciés selon des lieux, des sanctuaires, des panthéons qui ne craignent ni remaniements, ni métamorphoses.

Ce polythéisme des « autres », les « orphiques » ne peuvent se contenter de le soupçonner. Il ne leur est pas non plus possible de le récuser tout de go, sans se couper entièrement d'un langage commun, celui-là même qui permet à Orphée avec les siens de dénoncer l'aveuglement criminel des mangeurs de viande et leur dévotion aberrante envers les puissances qui semblent les enfermer dans la répétition du meurtre. Les « orphiques » sont donc amenés à penser *autrement* les dieux inéluctables, à réinventer l'ordre des puissances divines, à écrire une autre théorie généalogique des pouvoirs que celle qui a cours parmi les mortels aveugles. L'écriture permet de repenser la multiplicité du divin, de réécrire l'origine du monde des dieux et de l'être humain ; le livre de Derveni met en scène une histoire des puissances divines, centrée sur deux acteurs dont le premier, la Nuit, se tient dans l'ombre du second, Zeus[2]. Nuit, la Nuit-primordiale apparaît en « nourrice des dieux » : haute figure tutélaire, son savoir oraculaire est sans limite. Elle sait comment le monde peut être recréé. Le démiurge à rebours sera le « monarque tout-puissant », Zeus, qui a reçu le pouvoir de Cronos, venant après Ouranos, Ciel qui fut le tout premier roi. Le premier aussi à être émasculé, semble-t-il, conformément à une vigoureuse tradition hourrite et hittite. Nuit l'omnisciente qui connaît les potentialités du phallos de Ciel, l'Ouranos qu'elle a produit d'elle-même en premier, révèle à Zeus, qui a détrôné son père Cronos, que le temps est venu d'avaler ou de gober, comme il l'entend, le *phallos* où sont « conçus » tous les immortels « dieux, déesses, fleuves, sources aimables », et tout le reste, tout ce qui était parvenu à être[3]. Phallos tout-puissant qui excède, je le signale, la puissance érigée de Dionysos processionné en ses fêtes publiques, un phallos dont il faut encore noter deux singularités : d'une part, qu'il semble avoir non seulement un sperme exceptionnel, mais encore une sorte d'intelligence capable de prévoir l'imprévisible, ce qui se dit en grec *métis*[4] et se fait même parfois surpuissance divine, notamment dans un autre scénario de souveraineté à conquérir quand Zeus choisit de gober l'insecte minuscule dont Métis, son épouse, a pris la forme, par jeu, et par étourderie. Autre détail singulier du phallos orphique sur papyrus : qu'il donne naissance à Aphrodite, l'Aphrodite Céleste,

Ourania, celle qui préside, pour le commun des mortels, à l'union sexuelle d'une femme et d'un homme[5]. L'étrangeté n'est pas que la puissance du désir, celle qui est au féminin, surgisse du sperme écumeux éjaculé par Ciel, mais qu'Aphrodite prenne place dans le procès de retour vers l'origine qui semble déterminant dans ce que nous pouvons déchiffrer sur un papyrus aussi éprouvé.

Ayant englouti, sur les conseils de Nuit, le pénis « qui tout contient » à la manière de l'œuf cosmique d'autres récits également orphiques, Zeus, dûment enceint, remonte dans le temps des générations successives ; de dernier, il se fait le premier. Il remonte donc dans le temps, certainement pour recommencer une création du monde, autre ? et qu'en est-il ou sera-t-il de l'espèce humaine ? Une autre version, connue plus tardivement[6], ce qui ne veut pas dire nécessairement qu'elle ne peut pas être « ancienne », raconte l'émergence d'autres dieux, encore plus bizarres. À commencer par le Premier-Né, Premier Géniteur et Première Génitrice, le dénommé Phanès-Métis ou encore Erikepaios avec ses insultes répétées à la forme du corps : deux paires d'yeux, des ailes d'or, la voix du lion et du taureau, et deux sexes dont l'un — devinez lequel ? — décore le dessus de ses fesses. Mais il y a aussi le Zeus du cinquième règne, avant le dernier, le Zeus qui va passer le pouvoir à son fils et qui, au lieu d'être le souverain à jamais assuré de régner sur les dieux — comme Hésiode le fait croire — dépose, sur le conseil de Nuit, le Premier-Né tout au creux de son ventre, se faisant ainsi matrice mâle et coquille d'œuf aux dimensions du tout. Le même dieu, par ailleurs, est amené à devenir l'époux de sa mère avant d'être celui de sa fille. Il y a du côté d'Orphée comme une débauche de divinités baroques, de monstres polymorphes lâchés en liberté dans une cosmothéogonie.

Toutefois, la luxuriance de ces dieux multiformes n'est ni gratuite ni sans signification. Elle donne un sens au devenir. À l'origine, une totalité, l'unité du tout : la complétude de Phanès-Métis dans l'ordre parfait de la Nuit primordiale. Au long de cinq règnes, la belle unité va connaître l'épreuve de la séparation et du morcellement. Cinq règnes depuis Phanès jusqu'à Zeus, en passant par Nuit, si proche de Phanès, Ouranos et Gaia, Cronos et Rhéa ; enfin Zeus, né de Rhéa-Déméter, épousant sa mère, Déméter « deux », avant d'être à nouveau l'époux de Déméter « trois », sa fille, la Déméter… d'où va naître l'enfant Dionysos. Un Dionysos déjà présent dans le Premier-Né et qui inaugure la sixième et dernière génération des puissances divines.

Le devenir généalogique, pour déroutan qu'il soit, suit les chemins de la différenciation

laquelle procède par l'activité sexuelle, ensuite
par le mariage qui, lui, travaille activement à la séparation des puissances divines. Je l'ai indiqué :
les rapports entre masculin et féminin sont
l'objet d'une grande attention dans une pensée
qui vise à penser autrement la présence de l'espèce humaine en ce monde. Il faut donc y insister : la première union conjugale dans le monde
des dieux apparaît au cours du troisième règne.
Il n'y a pas d'union dite *gamos* (mono-poly-ga-
mie) avant celle d'Ouranos et de Gaia. Cependant Phanès, nous dit-on, prélève sur Nuit —
en fait, la deuxième Nuit, appelée sa fille — la
fleur de son corps en sa jouvence. Première figure de la sexualité sans qu'il y ait mariage
pour autant. Le philosophe Proclus qui est bon
exégète d'Orphée en porte témoignage :
« Pour ceux qui sont le plus dans l'unité, il n'y
a pas d'union conjugale[7] ». La sexualité amorce
la différence, tandis que la relation conjugale
l'institue, et la fonde en consommant la séparation, laquelle fait son œuvre propre jusqu'au
règne de Zeus, le cinquième. À la fin de la dé-
générescence marquée par le double mariage,
à nos yeux « incestueux », commence le travail
de régénération avec le Zeus qui engloutit dans
ses entrailles le Premier-Né, dieu à nouveau enceint qui réalise en lui l'unité de toutes choses
au terme de la distinction de chacune.

Il y a là un jeu dialectique entre l'unité et le

morcellement extrême. Le livre orphique de Derveni permet peut-être de suivre le procès de différenciation dans la genèse des mots et des choses[8]. En particulier lorsqu'il s'agit des noms multiples donnés à un même dieu. Le vocabulaire en est philosophique. En particulier, dans un passage où il est dit que toutes les choses existaient déjà d'avance, mais qu'elles reçurent leur nom quand elles se séparèrent, la dénomination venant redoubler dans l'ordre des mots une activité sexuelle qui sépare et distingue. Et, dans ce contexte précis, il s'agit d'Aphrodite, la puissance dite ailleurs de l'harmonie et du plaisir des sexes[9]. Dans le livre sauvé du bûcher funéraire, l'exégèse s'exerce à déployer la vérité des paroles d'Orphée, et le discours linguistique y apparaît comme une manière redondante de penser l'Unité dans le jeu des figures de la séparation et grâce à la justesse des noms donnés en premier par Orphée, le « Père des chants ».

Parmi les dieux les plus proches d'Orphée, Dionysos rivalise avec Apollon, il paraît même devoir l'emporter. Car n'est-il pas dans le discours théogonique évoqué précédemment le dernier souverain autant que le premier ? Le dernier, car il est l'enfant à qui Zeus remet la royauté, un enfant qualifié de gourmand, *eilapinastès*, c'est-à-dire qui aime les banquets[10]. Épithète peu commune pour un dieu mais que l'on trouve à Chypre appliquée à Apollon, un dieu aimant lui aussi faire bonne chère, mais avec une vocation plus marquée de boucher et de sacrificateur[11]. Donc l'enfant Dionysos avec, en lui, une envie, comme un désir pour le sacrificiel encore à venir. Il y a les jouets dont se servent les Titans pour attirer le petit dieu : la toupie, le rhombe qui est un diable, les pommes et le miroir ; enfin, il y a les Titans, ces brutes, qui le déchirent, l'égorgent, le font bouillir et puis rôtir[12]. Traitement d'une cruauté réfléchie qui mime, avec de savantes distorsions, le meurtre implicite en tout sacrifice sanglant. Dont l'espèce humaine, plongée dans l'oubli et dans l'ignorance, ne sait pas encore qu'elle est née là, sur les lieux du crime commis par les Titans qui ont goûté des chairs de l'enfant avant d'être foudroyés par Zeus. L'humanité des autels et des cités commence à germer quelque part au milieu des restes de sacrificateurs criminels. En même temps qu'il repense la genèse des dieux, Orphée écrit autrement la naissance de l'espèce humaine : les hommes ne sont pas nés de la terre comme d'autres arbrisseaux, ni apparus en même temps que les dieux, dotés d'une vie plus longue que les premiers. Ils sont issus d'un mélange sordide de vapeur et de suie, de fumée malodorante et de résidu noirâtre, d'un excrément de Titans cannibales, assassins de l'enfant-dieu Dionysos[13].

Voilà un premier Dionysos à la limite de l'extrême dispersion, emblème de la déréliction humaine et du régime carcéral imposé à un fragment du divin enfoui en chaque individu. Une dispersion dont l'enfant-dieu porte les marques dans sa chair, lui qui est découpé en sept morceaux[14], tandis que son cœur laissé pour compte est sauvé de la destruction. Promesse d'une autre vie renouvelée dont, de manière anatomique, cet organe est à la fois l'ultime et le premier réceptacle. C'est ainsi que le dernier roi des dieux en est également le premier. Même si certains détails de l'intrigue restent obscurs, Dionysos, en tant que Premier-Né, métamorphosé en bambin gourmand, porte en lui la plénitude des origines. Celle-là même qui déjà mûrit en Zeus, l'accueillant sous la forme d'un cœur[15], celle de l'organe tout entier formé d'un sang condensé. La souveraineté de l'âge d'or s'inaugure en un ventre masculin, une matrice étrangère au féminin : selon la même logique qui, en sens inverse, assignait au mariage et à la sexualité les méfaits de la différenciation.

Dans ce grand drame dont Dionysos est assurément le protagoniste, Apollon pourrait sembler un simple comparse, tellement ses apparitions sont discrètes et mesurées. Trois en tout, mais deux fois, il est vrai, en des points stratégiques et qui se recoupent à Delphes dans le sanctuaire panhellénique, le plus fortement marqué par la double souveraineté d'Apollon et de Dionysos. La première se fait sur le mode d'une présence lointaine mais fondamentale. Plutarque, toujours plus apollinien que les Delphiens, en est scandalisé ; il la met au compte d'une étourderie d'Orphée, une mauvaise information de l'enchanteur thrace descendu aux enfers : c'est que l'oracle de Delphes serait une mantique commune à Apollon et à la Nuit[16]. Tradition que le théologien Plutarque s'empresse de réfuter mais qui n'est pas pour autant inédite : dans certaines traditions de Delphes, déjà, on parle d'une souveraineté de Nuit aux commencements de l'oracle, avant que n'apparaissent Thémis, Dionysos et, ensuite, Apollon[17]. De plus, dans la pensée orphique, je l'ai rappelé, la grande puissance oraculaire et pour tous les dieux à venir, c'est Nuit, fille de Phanès-Métis, recevant à sa naissance avec le sceptre et l'autorité législatrice le savoir mantique le plus haut. En se présentant comme le coadjuteur de Nuit dans le paysage de Delphes retouché par Orphée, Apollon en son plus éclatant sanctuaire obtient la caution de la divinité primordiale incarnant le véritable savoir oraculaire pour les Orphiques.

La deuxième intervention prend alors tout son sens. Apollon y est mêlé à la tragédie de Dionysos. Il entre en scène immédiatement après la mise à mort. Deux versions. Dans celle de

Callimaque[18], Apollon reçoit les membres de
Dionysos des mains de ses meurtriers : parce
qu'il est le frère de la victime. Il lui revient
donc de recueillir les restes du supplicié et de
les déposer dans un chaudron, selon un mode
de sépulture ancien et héroïsant. Chaudron
qu'Apollon installe à côté du trépied prophétique au centre de sa demeure. Tandis que, dans
le récit de Clément l'Alexandrin[19], c'est Zeus
qui confie à Apollon le soin d'enterrer les morceaux de Dionysos : Apollon, « sans lui déso-
béir », emporte le corps déchiqueté et le dépose au pied du Parnasse, dans le même
sanctuaire où la tradition la mieux établie signale la présence d'un tombeau de Dionysos.
Plus philosophiques, les gloses néo-platonicien-
nes vont mettre en avant un Apollon recompo-
sant, unifiant le corps dispersé de Dionysos, dé-
couvrant même les vertus de l'hebdomade en
dénombrant les parts découpées par les
Titans[20]. Exégèse qui va dans le sens de la pro-
blématique de l'un et du multiple, mais sans
oblitérer la solidarité des deux divinités frater-
nelles au pied du Parnasse.

La troisième apparition d'Apollon vient alors
énoncer son rôle de puissance tutélaire d'une
cosmogonie tout orientée vers Dionysos et vers
son retour. Au moment d'inaugurer le chant de
la création du monde, Orphée invoque le fils de
Léto, le puissant Phoibos, Apollon, le dieu qui

voit tout. Apollon qu'Orphée appelle dieu Soleil, *Hélios* : « C'est maintenant la douzième fois que j'ai entendu ta voix prophétique ; c'est toi qui as parlé ; c'est toi-même dont j'invoque le témoignage[21] ». N'est-ce pas comme la preuve qu'Orphée met sa théologie entière sous le signe d'un dieu premier, ainsi que Nuit est primordiale, et dont il est lui-même si proche par la naissance ? L'autre polythéisme qui s'écrit ici en tissant son discours sur les dieux autour de Dionysos et d'Apollon innove à l'intérieur d'un espace religieux où déjà, dans une tradition panhellénique, l'essentiel du panthéon est tenté de se dire en un seul couple fascinant.

Dionysos et Apollon : figures affines, puissances harmonisées dans l'architecture théogonique au point que la conjonction semblerait, cette fois, triompher sans appel. Si, précisément, dans la logique du mysticisme, ne surgissait la question d'une dévotion singulière, d'une relation privilégiée avec un dieu qui se tient comme à l'écart des autres. Ainsi qu'il en va dans l'expérience de la possession et du thiase où le bacchant, l'initié de Dionysos, se définit par un statut qui lui est commun avec son dieu. Celui qui voit Dionysos face à face — et dès lors le dieu lui est autre qu'en ses liturgies civiques — devient *bacchos* comme Dionysos lui-même en ses mystères quand il est qualifié de *bacchos*, de *baccheios*, ou encore de *baccheus*. Parallèlement, et sur un mode légèrement démarqué, Orphée, l'homme en quête de la pureté absolue, conçoit le salut dans la même relation entière et possessive avec un dieu dont l'élection lui offre d'abord de mettre à distance, très visiblement, un panthéon aussi différencié.

Un choix aussi abrupt se fait en termes biographiques. Il faut donc faire retour vers l'Enchanteur Orphée dont l'histoire vive est habitée par une tension entre Apollon et Dionysos. Dans sa première tétralogie construite sur les histoires de Dionysos, Eschyle met en scène un Orphée saisi par l'amour dévot d'un dieu *plus grand* que les autres[22]. Dévotion excessive qui entraîne sa perte. Tel est l'argument des *Bassarai*. À l'aube, chaque jour, Orphée escalade les roches du Pangée, la montagne la plus élevée de la Thrace. Il veut saluer le Soleil à son lever. Être le premier à le voir, à lui rendre hommage. Car Soleil est pour Orphée « le plus grand des dieux », et il lui donne aussi le nom d'Apollon. Dionysos, dit-on, en éprouve du ressentiment. Il lui dépêche des femmes au nom barbare comme leurs manières : les Bassares. Elles le traquent, s'en saisissent, et brutalement le déchirent, le démembrent. Le corps d'Orphée est morcelé, dispersé, disséminé. Jusqu'au moment où les Muses endeuillées se rendent sur le Pangée, recueillent les lambeaux du supplicié et vont l'ensevelir au lieu-dit Leibethra.

Le plus immédiat, et dans l'évidence du titre décerné au dieu d'Orphée, c'est la dévotion de type mystérique. « Le plus grand des dieux » : pareille épithète, on l'a noté, n'est pas d'usage ni dans le culte ni dans les rituels politiques. Elle semble réservée à des puissances honorées en des mystères anciens, comme les grands dieux d'Andanie ou les grandes déesses d'Arcadie[23]. De plus, le Soleil, *Hélios,* est en Grèce un dieu hors cadre : très ancien en même temps qu'absent des autels familiers de l'espace public. Orphée, afin de se l'approprier davantage, lui confère un autre nom : il l'appelle Apollon. Non pas l'inverse comme le fait la tradition pythagoricienne dont les Orphiques aiment se distinguer jusque dans la dévotion apollinienne.

Cette fois, le choix ressemble fort à une exclusive. C'est ainsi, du moins, que Dionysos affecte de le prendre. Car, c'est incontestable, il y a du ressentiment ici comme chaque fois qu'un dieu est négligé ou privé de sa part d'honneur. Réaction qui n'est en rien psychologique mais comme « structurale » et propre au polythéisme comme ensemble de pouvoirs ajustés. L'appareil du panthéon est directement atteint par la décision de faire d'une puissance « le plus grand des dieux ». Et si la réponse est ici donnée par Dionysos, c'est que l'affaire a lieu sur son terrain, dans son domaine du Pangée. Cette montagne sur laquelle Lycurgue, le roi des Édoniens, l'homme à la hache, son ennemi, son bourreau thrace connaît le supplice que lui vaut sa folie à méconnaître Dionysos : il périra déchiré par les mâchoires de chevaux sauvages. Mais Dionysos, en l'occurrence, est davantage qu'une vague divinité poliade dont le territoire s'appellerait le Pangée. L'homme en prière au sommet de la montagne est le théologien dans la pensée duquel Dionysos est si haut placé. Comment la polarité cultivée dans le discours théologique ne s'effacerait-elle pas devant un antagonisme cette fois déclaré ? Même si Apollon n'est, il est vrai, qu'un surnom du Soleil, même si les Bassares sont plutôt des femmes thraces lâchées par le dieu du Pangée que des Ménades possédées par le dieu qui rend fou. Et cependant, la mort infligée à ce fidèle du Soleil et d'Apollon le fait ressembler étrangement à l'enfant de la théogonie : même corps mutilé, autant de morceaux dispersés, et les Muses au lieu d'Apollon pour les ramasser et les ensevelir. Il y a plus : si le cœur de l'un est sauvé, c'est la tête de l'autre qui échappe à la violence. Conférant à Orphée une sorte d'autre vie. Tête vive, elle roule jusqu'à la mer et les flots la déposent sur un autre rivage où elle continue de chanter. C'est Orphée transfiguré, devenu tel qu'en lui-même : une voix sans ombre, incorporélle, qui incante et vaticine. Plusieurs images céramographiques découvrent même Apollon, le laurier à la main, surveillant la mise par écrit des paroles d'Orphée : devant la tête à la bouche ouverte un disciple tient la tablette et le stylet.

C'est ici que, dans certaines versions, Dionysos réapparaît, et en dieu protecteur d'Orphée, accueillant la tête sur l'île de Lesbos et la faisant enterrer dans son propre *Bacchêion*[24]. Avec les mêmes attentions que montre pour son frère l'Apollon de Delphes. Lequel d'ailleurs tient parfois un sanctuaire ouvert à côté de celui de Dionysos, partageant avec lui les dépouilles d'Orphée : l'Apollon lesbien reçoit la lyre de son chantre. Ou bien encore : en Thrace même, au sommet de l'Hémon, un sanctuaire de Dionysos abrite les tablettes d'Orphée, conserve l'écriture de sa voix[25]. Un Dionysos qui n'est pas sans affinités avec le dieu oraculaire prenant soin depuis la Thrace de la sépulture d'Orphée, et avertissant les gens de Leibethra que la ville serait dévastée si les ossements nus du supplicié offensaient le regard du Soleil[26]. Même en Thrace, Dionysos n'est pas l'ennemi acharné d'Orphée. Il n'est pas non plus un adversaire univoque. Dans les *Métamorphoses* d'Ovide[27], il se lamente, il pleure la mort de son fidèle, de l'homme qui a inventé ses mystères. Les Bassares sont d'abord des femmes thraces, sauvages, féroces autant que leurs homologues masculins évoqués dans le traité *Sur l'abstinence* de Porphyre[28], lesquels, emportés par le délire des sacrifices humains, dévorent à pleine bouche leurs victimes ; leur folie est si grande qu'ils se jettent les uns sur les autres afin de se déchirer.

Les seuls vrais ennemis d'Orphée, ce sont en réalité les femmes, plus précisément les femmes thraces. La tradition du *Banquet*[29] le rappelle : la mort vient à Orphée par la gent femelle. Aussi bien le voit-on choisir avec empressement la destinée d'un cygne quand il s'agit de se réincarner dans le théâtre de Platon. Orphée refuse de naître d'un ventre féminin, en haine de celles qui l'ont si cruellement déchiré. Dans plusieurs séries, l'imagerie du Ve siècle raconte la même version des faits qui se lit en Ovide et en Pausanias : la violence des femmes thraces ne se confond pas avec celle des Bacchantes[30]. Les meurtrières d'Orphée sont des femmes déchaînées mais qui échappent au contrôle de Dionysos. Comme un débordement de passions bacchiques à l'occasion des fêtes dionysiaques. On raconte même que l'audace extrême de tuer Orphée, les femmes thraces l'ont trouvée dans le vin. Et à dater de ce jour, les hommes ne montent plus au combat qu'après s'être enivrés[31]. Il y a dans la tradition orphique si constamment misogyne la vision que le chant d'Orphée triomphe de tout, qu'il attire à lui les pierres, les animaux de la forêt, qu'il subjugue les Satyres, les Sirènes, qu'il charme la fureur guerrière des Thraces, mais qu'il s'éprouve impuissant face à l'espèce féminine. La voix d'Orphée se brise devant la race des femmes qui le traitent avec la même méchanceté foncière que les bourreaux de l'enfant Dionysos. Le dieu du Pangée ne s'identifie pas aux femmes de Thrace. D'ailleurs, sur sa montagne, Dionysos est un dieu singulièrement différent de ce qu'il est ailleurs. Hérodote l'a rencontré : c'est un dieu oraculaire[32]. Son sanctuaire domine des sommets boisés et neigeux ; il est logé au milieu de la tribu des Satres, des Thraces qui exploitent l'or et l'argent des mines du Pangée. Or, ce Dionysos montagnard et mantique vit entouré de ses prophètes et il est servi par une femme qui rend ses oracles exactement comme elle le fait à Delphes : dans le temple de son frère Apollon, ainsi dédoublé en pays thrace. Il y a donc sur le Pangée un Dionysos ressemblant comme un frère à l'Apollon de Delphes. Leurre ? Mirage au miroir ? Eschyle vient l'écarter avec le seul fragment en vers de la tragédie d'Orphée et des Bassares. Y apparaît un Apollon masqué en Dionysos ou, réciproquement, un Dionysos sous le masque d'Apollon, « Apollon, toi qui es couronné de lierre *(kisseus)*, toi qui es le devin inspiré par Bacchos *(baccheiomantis)*[33] ». Invocation dont la position à l'intérieur de l'intrigue tragique est indécidable mais qui va désormais pour tous les lecteurs d'Eschyle devenir la formule d'un Apollon identique à Dionysos. Le même dieu sous deux noms différents, dira Macrobe à la fin de l'Antiquité[34]. Et plus qu'aucun autre, certes, Orphée connaît les noms silencieux des divinités.

En sa dévotion au Soleil thrace, le théologien d'un autre polythéisme choisit la montagne sainte où le dieu du retour à l'un, Dionysos en ses métamorphoses, se montre le plus semblable à l'Apollon mantique, promu en la compagnie de Nuit au rang de puissance primordiale. Réécriture savante qui aime exploiter et enrichir les complémentarités actives entre Dionysos et Apollon.

CHAPITRE III

Des dieux parmi les hommes

Intermezzo. Les nouvelles sont souvent contradictoires, c'est ce qui fait leur charme, aujourd'hui comme naguère. Des voyageurs parcourant l'Europe d'hier en diligence s'empressaient de nous faire savoir que, hélas ! les dieux des Anciens s'en étaient allés en exil. On se souvient des reportages d'Henri Heine.

À la même époque, à peu de chose près, un conservateur de manuscrits qui allait devenir « historien de l'art » découvrait dans l'enthousiasme que les « dieux de la Grèce » habitaient notre avenir le plus radieux, et qu'ils étaient par essence « nos occupants depuis toujours », comme dira André Breton, en haussant les épaules, deux cents ans plus tard. Le bibliothécaire en question, un certain Winckelmann, n'est pas le seul coupable[1].

Les dieux de la Grèce, au pluriel, et même le pluriel pour chacun d'eux, qui sont-ils ? Depuis la Méditerranée, le marigot de la Vieille Europe, nous aimons découvrir des continents entiers, peuplés de milliers, de centaines de milliers de génies et de puissances divines. La bonne nouvelle, un intermezzo permet de la faire savoir, c'est que nous sommes des milliards de « polythéistes », c'est-à-dire des gens riches en dieux multiples : dans l'Inde, en Afrique, en Océanie, en Chine, au Japon et en bien d'autres lieux. La mauvaise nouvelle, on la connaît déjà, c'est qu'une petite tribu, en milieu syro-cananéen, s'est donnée entre deux campements un dieu colérique, de genre eunuque-unique, exigeant bientôt de ses dévôts une entière allégeance : un seul dieu, un seul peuple, une seule terre, avec pour conséquence une des plus regrettables erreurs de l'esprit si faible de l'espèce humaine. Je veux parler de la verrue monothéiste souvent cancérigène et qui continue de produire sous nos yeux les guerres et les massacres entre les « croyants d'un seul vrai dieu » s'affrontant au nom du Bien contre le Mal. Incident bien fâcheux mais qui ne doit pas nous surprendre en une si longue marche de l'humanité avec ses rêves et ses illusions de plusieurs centaines de milliers d'années.

Les dieux de l'Olympe, eux, sont des tard venus, même si l'ouverture des archives palatiales de Mycènes leur apporte ici et là un regain d'ancienneté. Hésiode, le triste Hésiode, Hésiode qui nous a laissé la boîte de Pandore, nous a appris — car il est mi-poète, mi-devin et sévit à l'école — que, pauvres humains, nous avions à vivre à l'Âge de Fer. Lorsqu'un mortel des temps archaïques se représente la vie des dieux au sommet de l'Olympe, il ne retient dans sa vision troublée que le contraste entre les deux destinées. Aux mortels, le chagrin, la peine, les maux, tandis que les immortels demeurent à jamais exempts de tout souci. Là-haut, à presque deux mille cinq mètres, les dieux traversent les jours dans la joie et le bonheur. Les Olympiens ne connaissent ni malheurs ni maladies, aucune de celles qui, sans nombre, les unes de jour, les autres de nuit, visitent hommes et femmes, leur apportant généreusement souffrances sur souffrances, et, sans un mot, en silence car Zeus en sa clairvoyance leur a refusé la parole.

La Grèce étant le pays de la raison naissante, tout est clair, il n'est de partage que bien tranché. On le répète : les dieux de l'Olympe jouissent d'une splendeur inaltérable ; ils possèdent à jamais vigueur et jeunesse, force et éclat à l'image des neiges éternelles des plus hautes montagnes. À l'opposé, les pauvres mortels, condamnés à la vie éphémère, sont incapables de trouver un remède à la mort ; ils sont voués à la recherche incessante de nourritures périssables comme les chairs aussitôt putréfiées des animaux ou les céréales qui déjà se couvrent de moisissures. Contraste saisissant que les hellénistes *confiants* aiment retrouver aussi bien dans les poèmes d'Homère que dans les chants d'Hésiode, volontiers salué comme une sorte de « théologien » de la Grèce[2].

Il n'y a pas d'orthodoxie dans la Grèce ancienne. Heureusement, les choses sont plus complexes, à commencer chez Hésiode si l'on tient à en faire le garant d'un partage radical entre les mortels et les immortels. À mesure qu'ils apparaissent dans un récit comme la *Théogonie*, les dieux d'Hésiode se haïssent et se trompent mutuellement. Un des premiers principes, avec *Chaos*, *Abîme* et *Éros*, la puissance qui rompt les membres, qui dompte le cœur et le vouloir de tout dieu et de tout homme, c'est Terre, *Gaia*. En sa qualité de puissance primordiale, elle est seule à engendrer, d'elle-même, et celui qu'elle fait naître, c'est son double, le Ciel, *Ouranos* ; mère et fils, sans trouble et « sans amour », ils s'unissent mécaniquement. Terre, aux larges flans, « assise sûre à jamais offerte à tous les vivants », met au monde les hautes Montagnes et les Nymphes ; elle enfante aussi « la mer inféconde qui se gonfle et fait rage » ; viennent ensuite du même ventre la race des Titans, les Cyclopes au cœur violent, les Cent-Bras que le Ciel prend en haine depuis le premier jour. « À peine étaient-ils nés qu'au lieu de les laisser monter à la lumière, il les cachait tous dans le sein de Terre », œuvre mauvaise, dit Hésiode, et « l'énorme Terre en ses profondeurs gémissait, étouffant ». Terre, aux larges flans et qui n'enfante jamais « unie d'amour », se met à détester, à haïr son conjoint, à la fois fils et double. Elle va alors concevoir, et faire mûrir dans son sein la première ruse au monde : Terre invente et « crée-fabrique le blanc métal acier, elle en fait une grande serpe », l'arme donnée à Cronos et qui va sectionner d'un coup précis le phallus du Ciel, violemment rejeté très haut, du côté des astres[3].

Terre qui pourra devenir à son tour « Olympienne » conçoit la première dans l'histoire des dieux et des hommes le crime de sang où s'origine le Mal en la mythologie grecque. Querelles, violences, meurtres, c'est la chronique quotidienne des récits d'Hésiode, l'inspiré des Muses, qui n'a même pas le temps de nous dire combien la félicité des dieux au banquet ressemble à la vision sulpicienne des poèmes d'Homère. En fait, Hésiode nous en dit plus sur les dieux et sur les hommes. Dans les *Travaux et les Jours*, il apprend à Persée, son frère, ainsi qu'à ses auditeurs ce qu'il en est des dieux sur terre et parmi les hommes : Oui, méditez sur la justice de Zeus dans la cité, « tout près de vous, mêlés aux hommes, des Immortels sont là, observant ceux qui, par des sentences torses, oppriment l'homme par l'homme et n'ont aucun souci de la crainte des dieux. Trente milliers d'Immortels sur la glèbe nourricière sont, de par Zeus, les surveillants des mortels ; et ils surveillent leurs sentences, leurs œuvres méchantes, vêtus de brume, visitant toute la terre[4] ».

Trente milliers d'Immortels. Donc, d'une part, les Olympiens photographiés d'après Homère et embaumés dans la vision académique des « Dieux de la Grèce » jusqu'à Hegel, Schiller et leurs admirateurs sans limite ; de l'autre, des myriades de puissances, habillées de brumes, disséminées parmi les vivants sur la glèbe, et circulant silencieusement au milieu des passions, des soucis quotidiens, mais avec un trait commun : d'être comme les bienfaiteurs des mortels vivant en cité. Hésiode encore, et sans lui demander un enseignement de « théologie », ni le moindre « dogme », seulement de témoigner d'une représentation largement reçue en Grèce quant à l'origine des hommes et des dieux. Elle figure brièvement à l'ouverture du récit connu sous le nom de « mythes des races » ou des espèces humaines : « c'est que dieux et mortels ont même origine[5] ». Ne sont-ils pas nés les uns et les autres de Terre ? Les plus semblables aux dieux sont, en effet, les hommes mortels faits d'or avant que l'argent ne se dégrade en bronze ou pire en fer malodorant. Dans un autre poème, Hésiode évoque le temps où les dieux et les hommes mangeaient à la même table[6].

Les hommes, sans doute les plus « anciens » dans cette version, partageaient les festins des dieux. Mortels et immortels étaient assis côte à côte. Deux espèces qui vont progressivement se « séparer », car elles ne sont pas « égales en vitalité » (en *aiôn*, en force de vie). Les hommes de l'âge d'or — sans doute de l'un et l'autre sexe connus dans les *Catalogues* —, parce qu'ils « vivaient comme des dieux » et « s'égayaient dans les festins, loin de tous les maux », jouissaient d'une durée de vie extrêmement longue. Ils devenaient ensuite, une fois endormis dans la mort, les « bons génies de la terre » (*daimones*), gardiens des mortels, « l'œil ouvert aux sentences et aux crimes, vêtus de brume, partout répandus sur la terre[7] ».

En terre grecque et sous régime polythéiste, il n'y a pas d'abîme entre les hommes et les dieux. À chaque sacrifice, à chaque offrande accomplie dans un des dizaines de sanctuaires de la plus petite des cités, une puissance divine est là, qui vient discrètement, vêtue de brume, à la rencontre du/de la sacrifiante. Comme Athéna dans l'*Odyssée* s'en vient « assister » à son sacrifice, « en personne » (*enargès*[8]), même si parfois l'évidence de leur présence n'est pas aussi nette que dans les banquets et sacrifices des

Phéaciens où, comme dit Alkinoos, « d'ordi-naire... au moment des hécatombes somptueu-ses, ils mangent avec nous et prennent place auprès de nous[9] ». Jusqu'au IIIe siècle de notre ère, des inscriptions pieuses rappellent com-bien, à chaque fois, le dieu ou la déesse a mani-festé son action visiblement, parfois même en laissant des empreintes de ses pas[10].

Les dieux sont familiers au quotidien. Il y a des dieux partout, même dans la cuisine, près du fourneau. Héraclite l'annonce à ses visi-teurs. L'anecdote est racontée par Aristote, lui qui pense si vivement que la nature vivante est gouvernée par des lois d'ordre et de valeur, qu'il y a des dieux un peu partout dans les cités des hommes.

Mortels et immortels : le couple ne doit pas faire peur, ni tromper. Aucune transcendance à l'horizon des Immortels, et de même que de très anciens hommes ont pu vivre aussi long-temps que des vivants qualifiés d'immortels, des hommes d'aujourd'hui, sages et hommes di-vins, peuvent se faire semblables aux dieux par un genre de vie « philosophique ».

L'heure n'est pas à comparer les régimes po-lythéistes de par le monde. Chaque système ou culture polythéiste semble avoir un style et je voudrais suggérer qu'en Grèce l'*immortalité con-ditionnelle* pourrait en donner une idée. Qu'est-ce donc que « l'immortalité conditionnelle[11] » ?

Pour la découvrir il suffit de jeter un coup d'œil sur des Immortels en grande détresse, sur le point de mourir : Arès, lié d'un lien brutal, enfermé treize mois au fond d'une jarre de bronze, lui, le dieu de la force violente, de la mobilité furieuse, pareil à un feu sauvage. Quand Hermès réussit à le délivrer, il est à bout de force. Lorsqu'un Immortel répand l'eau du Styx pour appuyer un parjure, il s'écroule sur le sol, et reste gisant une grande année, c'est-à-dire neuf ans, sans haleine, sans vie et jamais plus il n'approche de ses lèvres, pour s'en nourrir, ni l'ambroisie ni le nectar, il est comme mort.

Autre cas, dans l'Olympe, cette fois : Aurore, la belle Aurore est follement amoureuse d'un jeune garçon, beau à mourir. Elle se précipite chez Zeus, le supplie d'accorder l'immortalité à son amant ; elle l'obtient, et, dans sa hâte, oublie de demander en même temps une jeunesse perpétuelle. Le bel amant d'autrefois n'en finit pas de se rider et de vieillir horriblement comme la Sibylle dans sa bouteille de mille ans et plus. Un dernier épisode, choisi parmi les infortunes de Zeus : la Terre, elle encore, fait naître de son sein des Géants qui sont sur le point de détrôner le roi des dieux. Gaia fait pousser une herbe magique, un *pharmakon* qui doit rendre invincibles ses alliés. Avec la complicité de la Lune, du Soleil et de l'Aurore, Zeus s'en empare le premier. Les Géants sont vaincus, leur vitalité ne peut se ressourcer.

Ce qui s'épuise chez les Immortels comme d'ailleurs chez les mortels, c'est ce que les Grecs appellent la vie, la force vitale, l'*aiôn* — qui deviendra plus tard l'éternité des autres. Une force vitale que les médecins, en matérialistes prévenants, logent dans la moelle épinière. Certains vivants en reçoivent peu, juste la durée d'une vie humaine ; d'autres assez pour connaître les trois mille ans réservés par exemple aux démons lunaires par les Pythagoriciens.

Parler d'immortalité « sous condition », c'est reconnaître l'importance des rapports entre des formes de corporéité, les types de nourritures et de substances adéquates aux différentes espèces de vivants, mortels et immortels, et, finalement — pour rester sur terre —, les modalités de relation entre les hommes et les dieux, aussi bien dans les sacrifices que dans les pratiques cultuelles.

Pour conclure pareil intermède à l'insu d'Orphée, signalons que, pour le fondateur du Lycée, les dieux sont là comme une évidence. Mais autrement que pour Épicure. Si les dieux font partie du paysage naturel de l'homme en tant qu'animal politique, c'est qu'Aristote a découvert sous la fantaisie des récits des Anciens les indices qui témoignent d'un « temps héroïque » où les hommes dépassaient en vertu la capacité des vivants d'aujourd'hui. Ces surhommes d'autrefois ont œuvré à « civiliser » l'humanité et se sont ainsi trouvés proches des *Sages* qui ont sorti la Grèce de la barbarie.

Les récits de l'ancienne mythologie sont l'œuvre des Sages d'antan, les premiers à s'être montrés sensibles à la justice et à vouloir impressionner les hommes afin qu'ils respectent les lois. C'est là que s'est formée l'idée qu'il y a des dieux bienfaiteurs dont l'homme a reçu des dons et à qui il rend un culte. La piété des mortels semble n'être qu'une forme particulière de justice envers des puissances divines attentives à l'espèce humaine[12].

Ces dieux-là font partie du paysage naturel de la cité grecque. Un homme « privé de dieu », *atheos* ne veut pas dire « athée », semble aussi improbable qu'un homme « sans cité » (*apolis*, en grec).

CHAPITRE IV

Le festin mis à nu

Que les dieux soient parmi nous, la nouvelle en réjouit chacun et chacune sur les places odorantes et dans les venelles à graillon, à Tarente comme à Olbia. Mais comment un Orphique en serait-il dupe alors qu'il sait qu'un homme en armes se cache derrière chaque olivier en fleur, qu'il lui suffit de regarder en direction du mont Lycée pour voir la table de Lycaon renversée et horriblement souillée, ou bien, toujours en cette Arcadie si orgueilleuse de sa haute autochtonie, pour découvrir les folies d'Oreste, le matricide acharné à s'automutiler.

1. Un olivier, un homme en armes

Dans le récit des origines d'Athènes, l'olivier apparaît comme un présent des dieux. Au cours du différend qui l'oppose à Poséidon pour la possession de l'Attique, Athéna fait jaillir de la terre le premier olivier[1]. En réponse aux manifestations de la souveraineté de Poséidon qui prennent la double forme d'un lac salé, d'une eau stérile en apparence, et d'un cheval bondissant, d'un animal non dressé, l'olivier d'Athéna signifie l'avènement de la vie cultivée et l'instauration du groupe social sur une terre lui procurant désormais sa subsistance. Toutes les composantes mythiques de l'arbre à fruits primordial sont condensées dans un chœur de l'*Œdipe à Colone*[2] :

« Il est un plant dont je ne sache pas qu'un pareil ait surgi jamais, ni sur le sol d'Asie ni sur celui de la grande île dorienne de Pélops, un plant indomptable, qui renaît de lui-même, un plant qui est l'effroi des armes ennemies, et qui croît en ces lieux mieux que partout ailleurs, l'olivier au feuillage brillant, le nourricier de nos enfants, l'arbre que personne, ni jeune ni vieux, ne peut brutalement détruire ou saccager. Le regard vigilant de Zeus *Morios* ne le quitte pas, et pas davantage celui d'Athéna *Glaukôpis* ».

Son origine surnaturelle, sa qualité de plante à feuillage impérissable, son aspect guerrier autant que nourricier, ses relations privilégiées avec Zeus *Fatal* ou *Morios* et Athéna, puissance poliade et guerrière, autant de traits qui dessinent la configuration politico-religieuse de l'olivier. Certaines vertus de l'olivier, comme espèce arbustive, semblent avoir joué un rôle déterminant. Seul de tous les fruitiers, l'olivier ne perd jamais ses feuilles : il appartient à l'espèce des *mè phullorhoônta*[3]. En toute saison, ses feuilles sont vertes et son feuillage reste vivace ; l'olivier ne se flétrit jamais, il est *akèratos*[4]. Une indication de Plutarque rappelant le privilège de l'olivier de rester toujours vert en souligne la portée dans l'ordre politique : « Sans cesse, l'olivier remplace les feuilles qui tombent par de nouvelles ; il demeure, comme la cité, éternellement vivant[5] ». Pour toute l'Antiquité, l'arbre toujours vert jouit d'une longévité fabuleuse : deux cents ans, disent les uns ; plus de mille ans, selon les autres[6]. Certaines techniques de multiplication de l'olivier permettent de cerner davantage cette sorte d'immortalité. Dans le livre XVII de l'*Histoire naturelle*, Pline l'Ancien s'arrête à expliquer pourquoi « l'olivier s'éternise, pour ainsi dire » : « On fait pousser le rejeton qui mérite le plus d'être adopté, et, de cette manière, l'ancien arbre revit dans le nouveau. Toutes les fois qu'on en a besoin, on applique le procédé ; de façon que les mêmes plantations d'oliviers durent des siècles[7] ». Ce procédé de reproduction, c'est le souquet de Provence, la bouture par éclat de souche[8]. À travers cette technique, comme à travers les observations des naturalistes anciens, se découvre un aspect étonnant de l'olivier : le tronc peut mourir, la souche garde toute sa vie. Et les botanistes modernes, à leur tour, ont souvent décrit le spectacle étonnant d'une pousse jeune et vigoureuse, jaillissant d'un amas de racines noirâtres, au milieu d'une souche d'apparence minérale. C'est dans ce contexte de vieillesse fabuleuse, alternant avec une jeunesse inépuisable, qu'il faut sans doute situer, pour une part, l'histoire miraculeuse de l'olivier de l'Acropole : l'apparition, sur la souche de l'arbre détruit par l'incendie perse, d'une pousse d'une coudée, le lendemain même du désastre[9]. Toutefois, le miracle de l'Acropole est d'autant moins justiciable d'une explication purement botanique que l'olivier sacré du Pandroséion, placé sous la double protection de Zeus *Fatal* ou *Morios*[10] et d'Athéna au regard fascinant[11], la *glaukôpis*, est un arbre immortel, l'arbre « fatal » auquel sont liés et le destin d'Athènes et la vie des Athéniens.

La consubstantialité du groupe politique et de l'olivier s'affirme de la manière la plus motivée dans les institutions que la cité athénienne a mises en place pour assurer la protection de l'olivier et, en retour, bénéficier de ses vertus. Les douze *Moriai* du jardin d'Académos[12], douze rejetons de l'olivier sacré, sont, à Athènes, placés sous le contrôle direct de l'Aréopage[13], c'est-à-dire d'un conseil de type ancien, traditionnellement chargé de réprimer les délits publics et religieux, toutes les fautes menaçant le plus di-

rectement la collectivité. Or, à l'époque archaïque, couper un des oliviers sacrés est un crime
de lèse-majesté, passible de peine capitale. C'est
encore l'Aréopage qui prend en charge la récolte d'huile des oliviers sacrés : récolte rituelle,
réglementée par des prescriptions très strictes,
dont le produit est réservé aux seuls vainqueurs
des Jeux dans les Panathénées. Certains documents figurés montrent Athéna surveillant en
personne la récolte d'huile à laquelle procèdent
des personnages porteurs d'une couronne[14].
Originellement, l'huile est exclusivement attri-
buée aux athlètes qui triomphent dans les
épreuves les plus anciennes et les plus importantes des Panathénées[15], en particulier dans le
jeu des Apobates, l'*hippikos agôn*, le concours
équestre fondé par Erechthée et conçu sur le
modèle du combat mené par Athéna contre les
Géants[16]. Le produit des oliviers sacrés vient
ainsi récompenser la victoire qui confère de façon privilégiée à un citoyen d'Athènes les vertus religieuses assumées par Athéna *Nikè*,
l'Athéna victorieuse des Géants, celle qui, avec
l'aide des dieux, institue le monde organisé, le
cosmos pour les dieux et les hommes, dans le cadre de la cité. Pour reprendre une formule
d'Aristide le Rhéteur, dans un de ses discours
consacré à Athéna, l'olivier est le *pharmakon*

hugieias[17], il est le signe et l'instrument d'une puissance vitale, de la bonne santé dont le vainqueur aux jeux de la cité porte témoignage par l'éclat de la force triomphante.

Le statut politique de l'olivier d'Athènes n'apparaît pas seulement dans le rôle joué par l'Aréopage, un conseil qui est l'œil de la cité ; il se marque également dans la relation que cette espèce végétale entretient avec les différentes classes d'âge masculines entre lesquelles se répartit le corps social. Si le vainqueur de l'épreuve athlétique réservée aux citoyens accomplis, aux hommes adultes, reçoit avec l'huile d'Athéna une couronne d'olivier[18], les vieillards d'Athènes, choisis comme *thallophores*[19], participent aux Panathénées en portant des rameaux d'olivier dont la valeur politique se marque par opposition aux rameaux de chêne[20] — arbre à fruits sauvages — que portent, dans la même fête, les affranchis et autres « barbares » de la cité. À l'extrême opposé du vieil âge, chaque nouveau-né mâle, chaque rejeton de sexe masculin, reçoit à sa naissance un rameau d'olivier que l'on fixe au-dessus de la porte de la maison[21]. Aux trois âges de la vie, le citoyen d'Athènes s'affirme solidaire de l'olivier, d'un arbre explicitement qualifié d'arbre de la cité. En effet, l'olivier d'Athéna est appelé *astè elaia*[22], « olivier de la cité » : non pas seulement l'arbre dressé dans l'*astu,* la ville, par opposition au plat pays, mais l'arbre de l'ensemble des *astoi*[23], l'arbre de tous les citoyens.

À travers les différentes représentations tant religieuses que politiques dont il est l'objet, l'olivier de la cité, l'*astè elaia,* s'affirme comme le symbole politique chargé de traduire un rapport de type religieux entre le groupe des citoyens et une portion de terre cultivée. C'est par l'olivier de l'Acropole que la cité s'enracine dans le sol d'Athènes, et que les citoyens se trouvent en état de symbiose avec la terre cultivée.

Pour donner toute sa signification à la relation entre les oliviers et les citoyens, il faut encore déployer quelques-unes des représentations religieuses formant l'horizon sur lequel doit se lire le mythe politique de l'olivier d'Athènes. Parmi les représentations mythiques de l'arboriculture, un ensemble domine par sa richesse et par son ampleur : les traditions mises en œuvre dans l'épopée de Méléagre[24], dans la Chasse au sanglier de Calydon.

Dans le rôle que lui réserve l'épopée, Méléagre semble se définir principalement comme un chasseur et comme un guerrier. Mais les récits de sa naissance conduisent à nuancer cette image sur des points importants. Dans les trois récits que nous connaissons, Méléagre est doté de la même immortalité conditionnelle : il vivra aussi longtemps qu'un objet, un autre lui-même où gît son être propre. D'une version à l'autre, l'âme extérieure de Méléagre change de nature. Dans la première version, celle de Phrynichos et des poètes tragiques[25], sept jours après la naissance de Méléagre[26], les Destinées, les *Moirai,* surviennent pour annoncer à la mère que son enfant mourra quand sera consumé le morceau de bois, le *dalos* qui brûle dans le foyer. Aussitôt Althaia arrache à la flamme le tison et l'enferme dans un coffre, au plus profond de la demeure. Dans la deuxième version, connue par Tzetzès et par Malalas[27], le sort de Méléagre est lié à un plant d'olivier, *thallos elaias,* qui naît de la même Althaia en même temps que l'enfant royal. Dans la troisième, livrée par les *Moralia* de Plutarque, le double de Méléagre n'est plus un tison, ni la pousse d'un fruitier, c'est un bois de lance, ou un épieu de chasse[28]. Trois versions à replacer dans un ensemble mythique où les légendes royales centrées sur l'arboriculture répondent à des traditions guerrières autour de la lance.

Le mythe de la naissance de Méléagre est inséparable des récits mythiques qui font naître un enfant royal de la flamme du foyer paternel. Dans le rêve de Clytemnestre[29], sans doute le mythe de naissance royale le plus évocateur, Oreste est un rameau vigoureux, il pousse sur le sceptre d'Agamemnon, un sceptre planté ainsi qu'un jeune arbre en plein milieu du foyer. Le bois se met à bourgeonner, il grandit si fort, pousse si haut que son ombre recouvre toute la terre de Mycènes. Symbolisme multiple. D'une part, le vif naît du mort : du bois mort[30], qui est l'âme du sceptre royal, jaillit un surgeon. La croissance est aussi surprenante que la poussée, en une nuit, d'un rameau d'une coudée sur la souche de l'olivier sacré brûlé par les Perses dans l'incendie d'Athènes, la veille de Salamine. Par ailleurs, Oreste pousse ses racines dans le foyer royal. Il est un enfant du foyer — *pais aph'Hestias* —, comme Démophon, le nourri d'Éleusis que Déméter cache dans le feu, à la manière d'un tison, *dalos* ; un tison étonnant, car il pousse d'un jet, *hôs prothalès*[31]. Enfin, ces deux évocations sont surdéterminées par une troisième : l'arbre étend son ombre jusqu'aux limites de la terre de Mycènes. Immédiatement deux autres rêves royaux convergent vers le premier : celui d'Astyage et celui de Xerxès. Astyage croit voir sortir du sexe de sa fille un cep de vigne qui grandit jusqu'à recouvrir toute l'Asie. Les interprètes des songes consultés sont formels : l'enfant à naître exercera la souveraineté à la place d'Astyage[32]. Le second rêve survient à Xerxès : avant de partir à la conquête de la Grèce, il lui sembla qu'il était couronné du feuillage de l'olivier et que les rameaux de sa couronne grandissaient jusqu'à recouvrir la terre entière[33]. Toutes ces images mythiques soulignent la solidarité entre le personnage royal et l'arbre porteur de fruits, en particulier la vigne et l'olivier. Pour toute une tradition le qualifiant comme objet précieux, *agalma,* l'arbre fruitier est un signe de pouvoir : un cep d'or pur permet aux petits-fils de Thoas de se faire reconnaître d'Hypsipyle[34] ; une grappe d'or se transmet d'un héritier à l'autre dans la famille des Dardanides[35] ; une olive, tatouée sur l'épaule, distingue les descendants mâles de Pélops[36]. Thème de royauté magique qui apparaît pour la première fois dans l'*Odyssée* : « Quand le roi respecte les dieux, quand il vit conformément à la justice, alors la terre noire porte le blé et l'orge, le troupeau ne cesse de croître, la mer abonde en poissons, et *les arbres plient sous les fruits*[37] ». Par sa vertu propre, le souverain juste favorise la fécondité du sol et des troupeaux. C'est un nourricier et sa puissance se traduit à la fois sur le plan pastoral et sur le plan de l'arboriculture. En sa qualité de royal, Méléagre est un jeune plant d'olivier qui grandit sur les terres de son père[38], Oineus, l'Homme du Vignoble. Le jeune Méléagre porte la promesse d'un olivier destiné à recouvrir de son feuillage la terre de Calydon.

À ce premier aspect de Méléagre, enfant royal, né de la flamme du foyer, et fils de roi, associé aux arbres à fruits, répond un autre, antithétique du premier : un Méléagre du côté de la lance, chasseur et guerrier. Dans l'histoire du fils d'Oineus, le bois de guerre, épieu ou lance, qui figure le double de Méléagre, n'est ni un trait isolé ni un aspect tardivement attesté. Toute une part de la légende de Méléagre est dominée par l'image de la lance ; lors des jeux donnés en l'honneur de Pélias, c'est par la lance que Méléagre triomphe de ses concurrents[39] ; et c'est la lance victorieuse du sanglier que Méléagre vient consacrer à Sicyone dans le temple d'Apollon, vainqueur du serpent Python[40]. L'image du jeune Méléagre, dont l'âme extérieure est un bois de lance ou un épieu de chasse, renvoie à l'ensemble des récits mythiques centrés sur les hommes nés des frênes et des chênes, des arbres non cultivés, espèces à bois dur dans lesquelles sont taillées la javeline des chasseurs et la lance des guerriers. À l'olivier nourricier dispensateur de vie répond le frêne dont le bois est un instrument de mort. Le côté de la lance évoque une série de guerriers mythiques : Hommes de Bronze, Géants, Dryopes. Les Hommes de Bronze naissent des Frênes, des *Meliai*, comme jaillit du sol la troupe en armes des Géants, tenant en main la longue javeline de frêne[41]. Parallèlement aux Hommes du Frêne, les Dryopes forment une troupe de guerriers sauvages étroitement associés au chêne. Dryops, leur chef, qui est un petit-fils de Lycaon, est nourri par sa mère en même temps qu'une pousse de chêne dont il tire son nom[42]. Tous sont des guerriers, des hommes voués à la guerre : Kaineus, le Lapithe qui s'identifie à la lance[43] ; Parthénopée, qui ne jure que par sa javeline et ne croit qu'en la force de ses armes[44].

À travers la configuration de sa naissance, à travers le champ mythique qui leur sert de cadre, le destin de Méléagre se révèle double : lance dressée pour tuer ou combattre[45], plant d'olivier enclos dans le verger paternel. Une histoire construite sur une tension tragique entre la terre cultivée, le monde des plantations et la nature sauvage, le monde de la chasse et de la guerre. Une polarité qui oriente aussi bien l'histoire généalogique que les aventures de Méléagre.

Un double mouvement se dessine dans la geste épique du héros de Calydon : le premier va de la nature sauvage à la terre de plantations, le second, de l'espace cultivé au monde de la chasse et de la guerre.

La première séquence part d'Orestheus, le Montagnard, pour aboutir à Oineus, l'Homme du Vignoble. Fils de Deucalion[46], Orestheus est venu jusqu'en Étolie pour régner sur cette terre. Hécatée de Milet raconte dans ses *Histoires* comment Orestheus avait une chienne, qu'elle mit bas, et donna le jour à un morceau de bois, *stelechos*[47]. Orestheus le fit enfouir dans le sol. C'est là que poussa le premier cep de vigne. En souvenir de l'événement, Orestheus appela son fils *Phytios*, le Planteur. C'est de ce Planteur que naquit Oineus, l'Homme du Vignoble.

Le morceau de bois, annonçant un des thèmes de la naissance de Méléagre, joue un rôle de médiation : médiation entre le Montagnard et le Vigneron, médiation analogue à celle que joue Phytios, confiné dans un personnage en rapport avec la végétation arborescente[48], sans être encore voué, comme l'est Oineus, à la véritable arboriculture.

La seconde séquence, qui va d'Oineus à Méléagre, se déroule en sens inverse de la première. Oineus est à la fois bon meneur de char et maître d'un verger splendide. L'image de sa souveraineté paraît concilier les deux activités dont la tension constitue le ressort de l'histoire de Méléagre. Une faute d'oubli va rompre l'équilibre. Au moment d'offrir aux dieux les prémices de la récolte, Oineus néglige d'offrir à Artémis la part qui lui revient[49]. Replacée dans son contexte, la négligence apparaît symptomatique : Artémis, dite *Laphria*, est la grande divinité de Calydon[50], la terre sur laquelle Oineus étend ses vignobles et sa souveraineté. La *Laphria* est une puissance inquiétante, elle exerce son empire sur les forêts et sur les bêtes sauvages. Chaque année, en son honneur, toutes espèces de victimes et d'animaux sauvages, des cerfs, des louveteaux, des oursons, des sangliers sont brûlés vifs en un immense brasier. Entre pareil sacrifice et les offrandes de l'Homme du Vignoble, il y a une opposition absolue. Elle dénonce le divorce entre l'Artémis sauvage et le roi de Calydon. Les *Thalysies*[51] sont l'offrande des prémices de la récolte aux puissances de la terre, invoquées pour confirmer la fertilité des cultures. Au contraire, les *Laphries* proposent un rituel de destruction où toutes sortes de victimes, en majorité des bêtes des bois, sont détruites en l'honneur d'une puissance divine patronnant la terre sauvage. La distance qui sépare Oineus d'Artémis est si large qu'on ne peut négliger l'hypothèse, formulée d'ailleurs par l'*Iliade*, d'un oubli volontaire d'Artémis : « Soit qu'Oineus eût oublié d'offrir sa part à Artémis, soit qu'il n'eût jamais pensé à lui en offrir une[52] ». Entre le Souverain du Vignoble et la Puissance des Forêts de Calydon, le conflit se fait d'autant plus vif qu'Artémis, familière des espèces arborescentes, sauvages mais porteuses de fruits, comme le chêne et le noyer[53], revendique, en sa qualité de *Koruthalia*[54], le privilège de faire grandir les jeunes pousses, comme en sa qualité parallèle de

Kourotrophe elle fait croître les jeunes garçons dont le nom, *koroi* ou *kouroi*, rejetons, tend à se confondre avec celui des surgeons, *koroi*[55].

Il était donc inévitable que surgisse le sanglier de Calydon. C'était, dit l'épopée, un solitaire aux dents blanches ; « sans répit, il faisait de grands ravages au milieu des vignes d'Oineus, et, sur le sol, il avait fait choir, de toute leur hauteur, de grands arbres avec leurs racines et leurs fruits éclatants[56] ». Contre le destructeur de l'espace cultivé, Méléagre organise la chasse avec le concours privilégié de ses oncles maternels, les Courètes. Affronter le sanglier, qui est toujours en Grèce un animal terrifiant et une bête monstrueuse, est comme une épreuve initiatique, un exploit qui qualifie l'adolescent et fait la preuve qu'il possède les vertus mêmes de son adversaire : vaillance et férocité[57]. La chasse de Méléagre et des Courètes se conforme à un modèle de chasse probatoire que connaissent et la légende d'Ulysse[58] et le mythe de Thésée[59]. Mais en lançant le sanglier contre les plantations d'Oineus, Artémis, tout en semblant offrir à Méléagre l'occasion d'accomplir un exploit, condamne le fils d'Oineus à la face sombre de son personnage. Parce qu'il jouit d'une immortalité conditionnelle, Méléagre tue le sanglier, mais la frénésie guerrière éveillée par la chasse va provoquer sa perte. Lors du partage des dépouilles[60], Méléagre se prend de querelle avec ses oncles maternels ; il frappe les Courètes. À ce point, les versions divergent : d'après l'une, la plus dramatique, pour venger le meurtre de ses frères, Althaia, la mère de Méléagre, saisit le tison fatidique et le jette dans le feu. D'après l'autre, c'est l'Homme du Vignoble, Oineus lui-même, qui détruit le plant d'olivier qui enferme la vie de Méléagre[61].

La seconde version du destin de Méléagre est comme préfigurée par l'image du sanglier déracinant les arbres chargés de fruits et ravageant le verger d'Oineus. Image elle-même construite sur une opposition dont l'épopée, grâce à un autre épisode, permet d'expliciter les termes. C'est le combat de Ménélas et d'Euphorbe[62]. Euphorbe se vante de déposer la tête de Ménélas dans les mains de ses parents. Ménélas rétorque qu'Euphorbe a beau être un sanglier féroce, s'il s'approche, il est perdu. Euphorbe bondit, Ménélas le frappe à la gorge. Et la chute d'Euphorbe est longuement décrite dans une comparaison avec l'olivier : « On voit parfois un homme faire croître un plant d'olivier magnifique, dans un enclos à l'écart, un beau plant plein de sève, arrosé d'une eau abondante, et tout couvert de fleurs. Mais le vent vient soudain en rafale puissante, il l'arrache à la terre où plonge sa racine, il l'étend sur le sol. Tel apparaît Euphorbe à la bonne lance que Ménélas vient de tuer et qu'il dépouille de ses armes ». Dans le mythe de Méléagre, comme dans l'histoire d'Euphorbe, la rançon du sanglier furieux est le plus beau des oliviers, déraciné, tombé de toute sa hauteur. Le conflit entre la terre cultivée et la terre sauvage atteint un point culminant. Pour défendre les cultures contre les bêtes féroces, Méléagre doit se faire chasseur jusqu'à nier les valeurs de la terre cultivée. Renversement qui prend un caractère tragique quand Oineus, le maître du verger, gagné par la même frénésie guerrière, arrache lui-même le plant d'olivier, détruisant ainsi le plus bel arbre de la plantation.

Deux lignes de force traversent l'ensemble des représentations mythiques autour de l'arboriculture : d'une part, les relations privilégiées de l'éphèbe, du jeune homme et de la pousse d'olivier ; de l'autre, la complémentarité et l'opposition de deux types d'espace : terres de culture arbusive et terres incultes, ouvertes à la chasse. Entre ce plan mythique et les représentations que la cité se fait de l'éphèbe et de sa position dans l'espace politique, la continuité se marque sur des points importants, aussi bien dans des pratiques crétoises que dans certaines institutions athéniennes. Les unes comme les autres permettent d'apprécier le poids social des modèles mythiques porteurs de l'olivier d'Athènes.

Dans le cadre de la cité athénienne, l'ambiguïté qui marque le statut de l'éphèbe[63] ne peut manquer d'évoquer le double destin de Méléagre. Avant d'être intégré à la cité et agrégé à la phalange hoplitique, l'éphèbe athénien fait figure de péripole : localisé dans les zones frontières, dans les *eschatiai,* il se tient à la périphérie du territoire, là où les terres incultes menacent directement les cultures, dans les terres de conflit à la lisière entre deux cités. Au terme du temps d'épreuve qui lui est imposé, le nouveau citoyen est pleinement inscrit dans le territoire de la cité, qui coïncide avec l'espace cultivé, comme le prouve le serment prêté par les éphèbes[64], au moment où ils sont promus à la condition d'hoplites. Après avoir juré de garder sa place dans le rang, de défendre le sol de la cité, de sauvegarder les *hiera* et les *hosia* — les hommes et les dieux de la cité —, chaque jeune Athénien invoque, à côté d'Hestia et de plusieurs puissances guerrières[65], « les Bornes de la Patrie, les Blés, les Orges, les Oliviers, les Figuiers », c'est-à-dire une série de puissances qui dessinent une image de la cité comme terre cultivée et comme terre politique, inséparablement[66].

Ce serment athénien, qui ne distingue pas nettement la ligne des oliviers des autres cultures, arbustives et céréalières, il faut le compléter par un autre serment, celui des éphèbes de Dréros[67]. Plus précisément, par l'étrange chronique de l'« antique terre de Dréros[68] », qui se trouve gravée en appendice au texte du serment. Dans ce document d'allure concise qui s'adresse aux éphèbes nouvellement promus, on peut reconnaître une série d'épisodes du cycle initiatique réservé aux jeunes garçons dans le système d'éducation crétois. En premier, un combat, au cours de la nouvelle lune, entre les gens de Milatos, la cité la plus proche, et les éphèbes de Dréros qui se flattent d'avoir combattu pour le territoire, la *chôra*, de leur cité[69]. Ensuite, l'allusion à une victoire remportée sur *l'agela*, la troupe des jeunes gens, dans une épreuve dont le nom n'est pas précisé. C'est enfin la prescription faite à chacun, sans doute à chacun des éphèbes, de planter un olivier et de le montrer dans sa fleur (*helaian hekaston phuteuein kai tethrammenon apodeixaî*). Pour celui qui n'aura pas planté son olivier, une lourde amende est prévue.

Par référence à l'ensemble des traditions crétoises qui nous sont connues, les trois épisodes semblent marquer les trois temps d'une sorte de rituel d'initiation. 1. Un combat de jeunes, troupe contre troupe, aux frontières de deux cités voisines, au moment de la nouvelle lune. 2. Une épreuve qui oppose les membres de *l'agela*, épreuve où l'on peut reconnaître la course qui, en Crète, fonde le statut du citoyen, en donnant aux jeunes garçons accès au *Dromos*[70], le gymnase public qui caractérise l'espace urbain et politique des cités crétoises. 3. L'action de planter et de faire croître un olivier, qui représente le terme ultime de ce procès initiatique. Tout le contexte religieux où vient s'inscrire la prescription de planter un olivier détourne de reconnaître dans ce geste, comme le veut R. F. Willetts[71], une réglementation de caractère économique qui ferait aux éphèbes une obligation de contribuer à la production d'huile, indispensable au fonctionnement du gymnase, et, du même coup, confirmerait le droit sur des terres dont ils sont les héritiers et les occupants légitimes. Le statut de *panadzôstoi*, de « sans équipement », qui caractérise la troupe des cent quatre-vingts jeunes gens appelés à prononcer la formule du serment de Dréros oriente plutôt vers une fête comme les *Ekdusia*, célébrées à Phaistos, et vers une puissance courotrophe comme la Létô *Phytia*[72], qui préside au passage de l'état de *pais*, enclos dans le monde féminin, à celui de jeune homme, consacré par la vêture masculine dont la prise d'armes représente l'équivalent dans la cité des hoplites. C'est donc dans le cadre de pareilles épreuves initiatiques et par référence à l'ensemble des traditions mythiques centrées sur l'olivier qu'il faut définir le type de plantation rituelle imposé à l'éphèbe drérien. En plantant dans la terre de Dréros un olivier appelé à grandir, chaque nouveau citoyen manifeste son intégration dans l'espace cultivé de la

cité, en des termes qui prolongent l'antique solidarité entre la pousse humaine et un arbre à
fruits comme l'olivier.

De l'Athènes archaïque à la cité archaïsante
de Dréros, un même modèle semble se dessi-
ner : une cité où chaque citoyen se dresse sur la
terre politique ainsi qu'un arbre nourricier et
comme une lance, terreur des lances ennemies.

2. À table chez Lycaon

Elle se dresse au cœur de l'Arcadie, elle est
posée au sommet du Lycée, du mont Lycée, à
mille quatre cents mètres. Voilà le paysage de
Lycaon, le Loup, en grec *lykos* qui donne son
nom, plus tard certainement, au Lycée, le Lycée d'Aristote, d'abord.

À peine installée, la table de Lycaon est renversée. Une table boiteuse ? Est-ce même une
table ? N'est-ce pas plutôt une espèce d'autel
mi-construit, mi-naturel à l'extrémité d'un ter-
tre montant vers le ciel ? Et qui sont les convives
appelés au banquet chez Lycaon ? Toute l'affaire
semble entourée du plus grand mystère[73].

Au commencement, il y a le désir de Lycaon.
Moi aussi, dit Lycaon, je suis d'Arcadie[74]. Pour
le meilleur comme pour le pire, qui sait ? À
l'opposé du dieu Pan, un autre habitant du
mont Lycée, qui, lui, va faire irruption dans
l'histoire, celle des Athéniens à la veille de

Marathon[75], Lycaon, Arcadien de vieille souche, appartient tout entier à la terre d'Arcadie.
Si l'on avait à trouver un passeur entre le mont
Lycée de Lycaon et le « Lycée » choisi par Aristote et son école, il faudrait penser, plutôt qu'à
Pan, à l'Apollon *Lykeios*, un dieu aux affinités
électives avec les loups, en lisière d'une cité à
l'autre[76].

Dans la tradition mythologique des Grecs,
l'Arcadie apparaît d'abord comme un paysage
de montagnes profondes, de forêts sauvages,
habité par l'eau primordiale du Styx et le Grand
Serment des dieux. L'antériorité arcadienne est
absolue. Son autochtonie passe pour être sans rivale, que ce soit à Thèbes, à Argos ou à Athènes. Le premier vivant d'Arcadie fait son apparition dans un temps très ancien, avant, dit-on,
que la lune ne monte dans le ciel aux côtés du
soleil. Un beau jour, sous les yeux étonnés de
l'astre lumineux, la Terre, *Gaia*, fait pousser le
premier homme sous la haute frondaison des
montagnes. Il était « semblable à un dieu », *an-
titheos*. On le connut sous le nom de Pélasgos.
Aucune surprise : comme la race des dieux,
celle des hommes naît de la Terre. Pélasgos est
naturellement un contemporain de Cronos et
de Rhéa, enfants divins de la même Gaia[77].

Devenu roi parmi l'espèce humaine, plus ou
moins déjà là en même temps que lui, Pélasgos
se signale par une série d'inventions décisives :

premières habitations qui protègent du froid et des grandes chaleurs ; premiers vêtements faits de peaux de mouton. Enfin, le bon roi Pélasgos détourne les hommes de manger des feuilles, de sucer des racines dont certaines peuvent être mortelles ; il leur fait découvrir la saveur des glands et les vertus du chêne : un même arbre fournit le toit et le manger[78].

Comme il est d'usage en pareilles généalogies, la prochaine étape devrait être sans surprise : nourritures céréalières, boulangerie, vêtements tissés. Et c'est bien ce qui se passe sous le règne d'Arcas, d'où l'Arcadie est si bien nommée[79]. Mais avant de goûter au pain arcadien, aux produits du roi boulanger, l'humanité aura connu le règne de Lycaon, roi juste et pieux, disent certains, fondateur de villes même.

Et comme il n'est pas de ville, de cité sans autels, le roi Lycaon serait devenu fameux pour avoir élevé une table et un autel en l'honneur d'un dieu aussi nouveau que lui. La rumeur est malveillante, et déjà d'autres à mi-voix racontent que la table de Lycaon, souillée de sang humain, fut brutalement renversée, tandis que Lycaon prenait la forme d'un loup[80].

Dans les montagnes d'Arcadie, les figures ambiguës sont familières, elles ont la couleur de Pan, le dieu bouc, témoin indigène de ce mélange d'animal et de forme humaine. Dieu arcadien par excellence, Pan évolue entre chasse et élevage ; son rire animal éclate dans le silence d'un chemin ; la « panique » s'empare d'une armée en campagne qui se désagrège en un instant ; en plein midi, brusquement le dieu bouc bondit, sexe en érection. La « panique » agit par le son désarticulé, la voix sans corps, la violence et l'imprévisible[81]. Et ce dieu habitant la terre d'Arcadie, la tradition venant d'Epiménide de Crète[82] l'appelle le jumeau d'Arcas, du roi panificateur, de l'aimable tisserand si proche de Déméter.

Autre forme ambiguë : Arcas, précisément. N'est-il pas né de la fille de Lycaon, de la très belle Callistè[83]. Séduite par Zeus alors qu'elle chassait en compagnie d'Artémis, et puis rejetée, changée en ourse, mettant bas ou accouchant dans les buissons d'un enfant, un enfant sauvage, lequel est bientôt capturé, mené chez Lycaon, et laissé en semi-liberté aux alentours du mont Lycée. Et le jour où le maître des lieux voulut offrir à un hôte inconnu une nourriture qui ne fût pas indigne de l'étranger de passage, c'est l'enfant Arcas qui fut choisi. Son histoire ne s'arrête pas là : il lui faut devenir le héros de la vie au blé cultivé, une fois recomposé, refaçonné par Zeus, mais aussi venir témoigner à son tour de la difficulté d'identifier les êtres quand ils sont hybrides et incertains. Un autre jour, par mégarde, Arcas va pénétrer dans l'espace interdit du sanctuaire, il poursuivait une ourse ou une femme semblable à une ourse, il voulait même la prendre, s'unir à elle, dieu sait pourquoi. Heureusement, l'espace interdit enlevait aux vivants leur ombre, les vouait à la mort ou à la métamorphose quand Zeus, maître des lieux, en décidait ainsi.

Cette loi du retour possible à un état antérieur, Déméter vient l'énoncer à l'intention des Arcadiens. À Phigalie, elle est Déméter la Noire[84], une puissance de ressentiment, sous une vêture sombre, elle se retire au fond d'une caverne, y demeure silencieuse à l'écart des hommes et des dieux. La terre dépérit, la famine fait de grands ravages, les dieux sont inquiets. Seul, le dieu Pan saura découvrir la cachette de Déméter. Enfin, les Destinées, les *Moirai*, seront assez persuasives pour faire revenir Déméter à de meilleurs sentiments. Les nourritures céréalières vont faire retour.

À Phigalie, devant son refuge, la noire Déméter se plaît à recevoir des offrandes à l'ancienne : les fruits de quelques espèces arbustives, des raisins, des rayons de miel, des laines brutes, tout imprégnées de suint. Offrandes non travaillées et arrosées d'huile à l'entrée de son antre. Un jour, par négligence, les sacrifices sont oubliés. Irritation, stérilité à l'entour. Et par la bouche de la Pythie de Delphes, Déméter fait savoir aux hommes d'Arcadie que, non seulement ils étaient redevenus nomades après avoir été mangeurs de céréales, mais qu'elle, la Noire, se préparait à les reconduire en deçà de la vie aux glands et aux fruits sauvages. Bientôt, ils se mangeraient entre eux, ils allaient dévorer leurs enfants. Ils allaient goûter de la tecnophagie ou, s'ils préféraient, de la « pédophagie »[85]. Et, dans la mémoire arcadienne, le temps de l'allélophagie évoqué par Déméter fait écho à l'aventure de Lycaon sur le mont Lycée. Laquelle fait partie intégrante de la tradition officielle au IVe siècle avant notre ère : la *République* de Platon s'y réfère en donnant le portrait de l'homme tyrannique[86], et dans la capitale entièrement neuve de l'Arcadie, dans la ville de Mégalopolis implantée en 369 avant notre ère, les Arcadiens vont loger une réplique fidèle du sanctuaire de Zeus lycéen[87].

Table, autel, du sang versé, voilà qui découvre un espace qui fait référence à des pratiques d'ordre sacrificiel ainsi qu'à des manières de table, sans doute inédites en Arcadie comme ailleurs, au temps très ancien du « prélunaire ». Prud'hommes et femmes prudes n'en connaîtront aucun prurit. Suggérons à l'intention des autres, plus attentifs aux harmoniques d'Orphée, que le dispositif sacrificiel, lorsqu'il est central, je veux dire situé au cœur d'une société, peut donner accès, tantôt aux rapports avec le monde surnaturel, tantôt aux relations des gens entre eux. Il y aurait là comme deux grandes orientations du sacrificiel en acte. Dans le second cas qui semblerait le plus pédestre, c'est la scène sacrificielle qui introduit aux rapports sociaux, aux généalogies, aux règles de mariage, à l'ancestralité. Singulièrement, c'est le modèle dominant dans l'Afrique de l'Ouest. Le sacrificiel y porte la marque de la naissance : l'immolation de la victime n'évoque pas le meurtre, comme c'est parfois le cas en d'autres parties du monde, mais plutôt la parturition, le geste de la sage-femme coupant le cordon ombilical, détachant délicatement le placenta qui est le jumeau évident de tout vivant, l'irrécusable forme substantielle de l'Autre, donc du surnaturel[88].

Tandis que dans le monde indien, celui de l'Inde védique, le dispositif sacrificiel semble donner largement accès à une série de divinités identifiées, mobilisées et même façonnées à l'occasion de rapports établis avec l'offrande et la victime dans l'espace fondateur et déterminant du sacrifice. Le sacrifice est même si essentiel dans le monde védique qu'il préexiste à la fois aux dieux ainsi qu'aux hommes[89]. Voilà qui met en perspective le monde grec et le petit théâtre de Lycaon en son Arcadie. Nous sommes conduits à nous demander comment, en général, le dispositif sacrificiel est orienté au pays d'Homère et de Porphyre. Il semble que ce soit selon un vecteur socio-politique et alimentaire. Le sacrifice majeur, entre l'*Iliade* et le *Traité de l'abstinence* de Porphyre, se présente comme la mise à mort réglée d'une victime animale, et d'un animal domestique exclusivement. Ce type de sacrifice permet de fonder une distinction assez familière en Grèce entre des dieux friands d'odeurs et de saveurs, et l'espèce humaine plus volontiers portée à goûter de la viande, qu'elle soit bouillie ou rôtie. Les manières de table sont ici bien attestées : les nourritures carnées sont soumises, après cuisson adéquate, à des procédures de partage égalitaires qui tiennent lieu de couvert pour les convives. Ces manières de table, élémentaires à nos yeux, sont décisives, d'une part, parce qu'elles fondent l'appartenance à la société des hommes, de l'autre, parce qu'elles assurent l'ancrage dans une communauté politique. Le dispositif sacrificiel permet donc de distinguer l'homme des animaux ainsi que des dieux. Dans le champ des autels et des sanctuaires de chaque cité, il fonctionne comme une sorte de machine égalitaire. Le sacrifice carné, c'est le support alimentaire, et, souvent quotidien, des droits « politiques », réservés à ceux qui ont part aux sacrifices publics, les citoyens, en premier[90].

En Grèce, la civilité trouve sa place ailleurs et d'abord au banquet, et dans le temps où l'on boit et où l'on converse, dans le *symposium*[91]. La table de Lycaon, on le voit, se situe très en deçà de toute civilité du boire et du manger. Si Lycaon est fameux pour sa table, c'est d'abord parce qu'elle est renversée. Chaque fois qu'une table est renversée, les circonstances méritent examen détaillé. En marchant dans les pas du meilleur connaisseur des antiquités d'Arcadie, Pausanias, voyageur nostalgique du deuxième siècle de notre ère, nous découvrons sans surprise l'éloge des ingénieuses découvertes imputées au successeur du grand Pélasgos[92].

Trois d'entre elles confèrent à Lycaon un statut de « roi civilisateur ». Sur la montagne du Lycée, il établit la cité dite « Mont-au-Loup », Lycosoura. Lycaon est également le premier à donner à Zeus le nom de « Lycéen », à côté ou avant celui de Lycien, comme le Zeus de Lycie en Asie Mineure. C'est le même Loup-Roi qui inaugure les jeux appelés « lycéens », des jeux de caractère panhellénique, dotés de la série complète des épreuves gymniques. Jouer, nommer, fonder : Lycaon marque une rupture avec le temps de Pélasgos, l'âge de la cueillette et des cabanes, quand la première humanité, si pauvre, si démunie semble ignorer aussi bien le genre de vie en cité que le commerce des « dieux ». Des trois innovations apportées par Lycaon — l'espace agonistique, la cité, l'appellation d'un dieu —, c'est la dernière qui est la plus décisive pour son destin. En nommant Zeus, le Zeus d'un lieu, le mont Lycée, Lycaon désigne son « Autre » ; il institue une sorte de culte de cet « Autre » ; il semble vouloir créer l'intervalle entre l'espèce humaine et les puissances voisines mais combien incertaines. Par quoi, son règne se distingue de celui de Pélasgos, et se trouve en homologie avec celui de Cécrops, son contemporain d'Athènes. Pausanias en est le témoin, après d'autres assurément[93]. Le nom donne forme, et il en découle une manière d'établir des relations avec la figure inédite. L'autochtone d'Athènes, Cécrops, le premier dit-on, appela Zeus « le très-haut », *hypsistos*. Prudemment, Cécrops, un Premier-Né-de-la-Terre, mi-serpent, mi-homme, choisit la distance maximale dans le nom formulé autant que dans les offrandes déposées sur l'autel édifié pour l'occasion : des céréales et des gâteaux du pays[94]. Tandis que Lycaon, qui semble avoir décidé de nommer la même puissance de son propre nom, ou peu s'en faut, entre hardiment dans les pratiques du sacrifice carné et sanglant.

Lycaon sent le loup, sous le masque du roi juste et pieux. Il est né ambigu. C'est, semble-t-il, aussi l'avis de Zeus qui verrait même en Lycaon et ses fils — les loups sont toujours en bande — une race impie et orgueilleuse sous des apparences dévotes et benoîtes[95]. À peine

Zeus est-il baptisé de « Lycaon » ou « Lycéen »[96], comme on voudra, qu'il entend mettre à l'épreuve ce partenaire inquiétant. Il se déguise en journalier, et, sous l'apparence d'un pauvre travailleur manuel (*chernètès*), il s'en vient frapper à la porte des Lycaon. La famille, aussitôt, l'invite à déjeuner. En son honneur, dit une version, les fils de Lycaon s'emparent d'un enfant du pays qui passait par là, lui coupent discrètement la gorge, et mêlent les viscères de leur victime aux nourritures servies pour le repas. Table d'horreur. Zeus la renverse brutalement, et la famille Lycaon est foudroyée sur-le-champ. Dans une autre version[97], la piété de Lycaon fait contraste avec l'impiété de ses descendants. Lycaon, roi juste, vénère Zeus et les étrangers de passage. Tandis que ses fils, méfiants et soupçonneux, voudraient savoir si l'étranger accueilli par leur père est vraiment un dieu, comme Lycaon semble le croire. En secret, donc, dans l'arrière-cuisine, ils égorgent et accommodent la chair humaine aux bons morceaux d'une victime animale, sacrifiée en l'honneur de l'hôte de leur père.

Zeus ne fait pas de quartier, Lycaon et sa descendance sont réduits en cendres. De la table renversée, le sanctuaire du mont Lycée va garder une trace, un reste pour une autre figure entre manger et sacrifier[98]. Chaque année, désormais, à la suite du sacrifice offert à Zeus Lycéen, un homme qui a goûté à la table secrète en ce lieu se voit métamorphosé en loup. Si le loup s'abstient de chairs d'homme, au bout de neuf ans, il retrouve la forme humaine. Tandis que le loup qui a goûté de l'homme sera loup pour toujours. En Arcadie, dans l'espace sacrificiel défriché par Lycaon, le sacrifiant ne cesse d'éprouver l'angoisse d'osciller entre la bête et l'homme. Le régime carné entre la table et l'autel, dressés sur le mont Lycée, ne semble pas pouvoir le fixer durablement dans la position si enviable de qui se tient à égale et même distance entre la puissance des dieux et la sauvagerie animale.

Pourquoi donc Lycaon, maître de la fameuse table, prend-il avec tant d'audace la voie du sacrifice sanglant ? Ne serait-ce pas son instinct de loup qui en ferait un sacrificateur-né [99] ? Il semble, en effet, que le comportement de Lycaon dans son Arcadie natale trouve une part non négligeable de ses motivations dans les histoires grecques autour du loup et de ses congénères. Bestiaires, fables d'Ésope et notations de zoologistes, en particulier d'Aristote, convergent pour affirmer que, par nature, le loup est le plus habile des bouchers et le meilleur des cuisiniers. Sa mâchoire puissante lui sert de couteau, d'égorgeoir avec lequel il tranche impeccablement la gorge de sa victime, faisant ainsi jaillir le sang. De plus, le loup possède l'art de la découpe et du partage. Les témoins sont formels : la gueule du loup tranche naturellement des morceaux de même poids exactement. Et l'on voit même ces animaux, spontanément « politiques », s'exercer au contrat social, proposer à l'assemblée des leurs de mettre en commun le butin de chasse afin d'en donner à chacun une part égale. De cette manière, disent les apprentis législateurs, on ne verrait plus les loups affamés se manger entre eux et offrir le triste spectacle de l'allélophagie. Boucher et cuisinier, sacrificateur et politique, le loup semble avoir toutes les qualités requises pour fonder une cité *isonomique,* pour ouvrir un espace politique établi sur le respect de l'égalité des droits jusque devant la « loi ».

Et cependant, à peine les loups ont-ils épelé les règles de la vie en commun qu'ils les violent et les transgressent. À peine se sont-ils avancés vers la table d'un partage égalitaire et exemplaire qu'ils l'abandonnent — ou qu'elle est renversée. Pourquoi donc — car la tradition, ici encore, est unanime[100] — toutes les expériences du loup au sacrifice et à table sont-elles sanctionnées par l'échec ? Il faut en dire un mot furtivement, par-dessus l'épaule de Lycaon. De par sa nature physiologique, le loup ne peut envisager de se séparer de l'arme du sacrifice, il fait corps avec l'instrument qui accomplit si exactement les gestes du sacrifice et de sa cuisine. Dans son être physique, le loup conjoint trop fortement « tuer et manger ». Et s'il faut tuer pour accéder à l'alimentation carnée, dans l'espace des hommes, le meurtrier et son couteau ne peuvent venir à table ; il vaut mieux que tous deux s'éloignent de l'enceinte du sacrifice, la commensalité y gagne.

Du loup, faisons retour vers Lycaon et vers la table dressée sur le mont Lycée. Avec leurs variantes, et le sérieux d'une tradition quasiment officielle, les textes autour de Lycaon explorent, à travers des procédures expérimentales, des formes d'ambiguïté de la scène sacrificielle[101]. Ambiguïté du lieu d'abord : le sommet montagneux sur lequel Lycaon nomme la première forme d'un dieu, les gens d'Arcadie l'appellent Olympe, du nom réservé à la demeure des dieux lointains, un Olympe qui évoquerait aussi le temps d'avant le sacrifice instauré[102]. C'est en ce même lieu, en effet, que se situent les enfances, sinon la naissance de Zeus, et la tradition arcadienne confirme la nature olympienne du site en décrivant le cours inaltérable d'une source dite la Très Pure, *Hagnô*, et son débit inchangé, été comme hiver[103]. Cet Olympe, Lycaon en prend possession en y installant la table qui alterne avec l'autel, en principe réservé à la puissance divine, cet autre à peine énoncé[104].

De même que l'Olympe de Lycaon ne se distingue pas vraiment de l'espace découpé d'un sanctuaire, ni d'un domaine où les hommes et les dieux connaîtraient des limites respectives, l'autel de Lycaon semble parfois se confondre avec sa table. Certes, il arrive, en certaines occasions, que l'une frôle l'autre, en particulier dans l'ombre du prêtre[105], mais il est de loin préférable que le sang de la victime jaillisse sur l'autel et non sur la table, et que l'endroit réservé à la commensalité des hommes soit nettement distingué de l'autel assigné à la puissance divine. La table de Lycaon se présente donc comme une table d'expérimentation : qu'est-ce qu'un dieu, se demande le maître de la table ? Peut-il se présenter sous l'apparence d'un étranger ? En quoi se distingue-t-il d'un homme venu d'ailleurs ? Qu'est-ce qui peut différencier l'ancienne commensalité avec les dieux de la nouvelle entre comangeurs assemblés autour d'un autel ? Est-ce qu'une table est radicalement différente d'un autel, et en quoi ? Ne faut-il pas mettre à l'épreuve la forme incertaine de l'Autre en lui offrant une chose vivante, née sur la terre d'Arcadie, cet enfant sauvage, par exemple, qui pourrait appartenir à la table de Lycaon aussi bien qu'à celle de Zeus ?

Armé de son scalpel, Lycaon à sa table cherche à faire ce que le bon dialecticien doit être capable de réussir, dit Socrate dans le *Phèdre*[106], c'est-à-dire « détailler par espèces en observant les articulations naturelles », ainsi que fait le boucher qualifié, le bon *mageiros*. Mais Lycaon, enclos dans son univers de formes ambiguës, échoue à distinguer, à séparer, à différencier ce que la scène sacrificielle, partout ailleurs, détaille, analyse et délimite avec soin. Le plus souvent, du moins.

Dans la mémoire grecque de l'archaïcité, Lycaon d'Arcadie et son rituel secret mais communautaire semblent énoncer l'impossible partage radical entre hommes, bêtes et dieux. Et derrière la table, un grand rire panique secoue le mont Lycée et son Olympe privé[107].

3. Les Furies d'Oreste

En ouverture, deux figures de meurtrier grec[108]. L'une, furtive, à la fin de l'*Iliade* ; l'autre, massive et violente, aux commencements d'une cité. Hector vient d'être tué, son cadavre est souillé, horriblement maltraité ; chaque jour, Achille le traîne trois fois autour de Troie, ses chevaux lancés au grand galop. Un soir, le père d'Hector, Priam, ne peut plus supporter le spectacle, la folle violence, la démesure sacrilège. Guidé par Hermès, il pénètre dans le camp des ennemis de Troie, il s'approche d'Achille, lui embrasse les genoux, lui baise les mains, des mains terribles, « meurtrières » (*androphonoi*), ces mains qui lui ont tué tant de fils.

« Ainsi quand une lourde erreur *(atè)* a fait sa proie d'un mortel et qu'après être devenu un meurtrier *(katakteinas)* dans son pays *(patrè)*, il arrive en terre étrangère, au logis d'un homme opulent, la stupeur *(thambos)* saisit tous ceux qui le voient. Même stupeur saisit Achille à voir Priam semblable aux dieux, même stupeur prend les autres[109]... » L'inconnu, surgi de la nuit et qui fait les gestes de la supplication, est le père du cadavre outragé, jeté aux pieds d'Achille, mais il ressemble à un de ces fugitifs qui, pour avoir versé le sang dans sa « patrie », s'en va, s'exile en quête d'un foyer et d'une maison qui l'accueillera, lui fera place en lui offrant un *nouveau statut,* loin de l'erreur et du sang répandu. Devant Priam, l'homme qui lui a tué ses enfants, Achille et ses mains « meurtrières » *(androphonoï)*, qui font couler le sang humain mais celui des ennemis, dans l'espace de la mort rouge et de la guerre ouverte.

Seconde figure : celle des Alcméonides, une maison de plusieurs centaines de personnes dans l'Athènes archaïque[110]. Vers 650 avant notre ère, un peu avant que Dracon ne propose les premières lois sur l'homicide, les partis s'affrontent et la cité se déchire. Un Athénien, nommé Cylon, s'empare de l'Acropole, ses adversaires l'y assiègent. La cité est coupée en deux. Les Alcméonides promettent aux partisans de Cylon la vie sauve, s'ils quittent aussitôt l'Attique. Épuisés, mourant de soif et de faim, les Cylonides, constitués en suppliants d'Athéna, refusent de quitter la protection de la déesse. Un fil de laine, attaché à la statue, doit leur assurer dans leur descente le contact avec la puissance protectrice. À proximité de l'Aréopage — qui va devenir un des grands tribunaux du sang —, le fil casse, les Cylonides se précipitent sur l'autel des Euménides : ils sont égorgés sur-le-champ par les Alcméonides et leurs alliés. Fléau (*loimos*), souillure (*miasma*), frayeurs (*phoboi*), apparitions inquiétantes (*phasmata*), malformations des victimes sacrificielles, la cité entière est gangrenée. Les Alcméonides sont déclarés Impurs, *Enageis*, « enclos dans la souillure ». Ils sont qualifiés d'*Alitèrioi* de la déesse, de sacrilèges habités par la colère des morts criant vengeance. Il faut les expulser, tous et même leurs morts, il faut les exhumer, rejeter les ossements hors des limites du territoire, de la *chôra*, de la cité. Il faudra donc faire appel à un purificateur hors pair, venu de Crète et appelé Épiménide, qui procédera à une véritable « refondation » du territoire à travers ses autels et ses sanctuaires.

Deux scénarios des effets du sang versé qui, malgré leurs différences, partagent le recours à la fondation-refondation pour mettre fin à la souillure. Deux scénarios qui laissent en creux le statut de l'homicide et les institutions de la cité pour répondre au sang versé, mais le premier, en montrant les mains « meurtrières » d'Achille, conduit vers le nom technique de l'homicide, tandis que le second découvre sur la scène du drame le tribunal de l'Aréopage et les puissances dites « les bienveillantes », Euménides. Pour les cités grecques, en regard des sociétés riches en rituels encadrant le meurtrier et sa victime, le fait majeur, c'est l'apparition de tribunaux du sang, d'un droit pénal en matière d'homicide[111]. Les premières cités légifèrent d'abord sur le sang versé, sur le meurtre d'un homme du même groupe, de cette communauté nouvelle de ceux qui appartiennent à une même cité. Entre 620 et 530, approximativement, les lois, les *thesmoi* sur le meurtre s'écrivent en lettres hautes et colorées sur des stèles dressées aussi bien par de jeunes cités en Sicile et en Grande Grèce que dans des cités plus installées du continent comme Argos ou Athènes. L'homicide est réglementé par la cité : si un individu est tué dans l'espace de la cité, c'est désormais la cité (*polis*) qui se sent atteinte, c'est elle qui fixe la réparation due aux parents et à la collectivité. « La solidarité civique joue par-dessus la discipline de la famille ou la protection d'un patron », ainsi que l'écrit Louis Gernet[112]. Le « meurtre » devient une catégorie juridique ; le meurtrier, appelé *androphonos* — comme la main d'Achille ou comme le guerrier

homérique —, devient avec Dracon un sujet de
droit. La loi sur l'homicide de Dracon — ce qui
s'appelle alors *andrephonikos tethmos* — s'applique de manière impartiale à différencier les ca-
tégories de fautes, à doser la culpabilité, à marquer des degrés, et à instituer des tribunaux
différents pour les juger. On va ainsi distinguer
le meurtre, *phonos*, volontaire, involontaire, pré-
médité, le meurtre dit légitime, juste, *dikaios*,
dira-t-on plus tard. Tout un droit avec action
publique et tribunaux populaires va s'édifier
autour de la notion d'agent de celui qui agit, *ho
drasas* : notion abstraite autant que celle de citoyen. On va analyser les intentions de cet
« agent », mesurer sa responsabilité, apprécier
ses degrés d'engagement. Parallèlement, la cité
va instituer un espace de jugement, de l'affrontement duel entre le présumé coupable et l'ac-
cusation : un champ clos où les parties en présence sont définies par l'instance nouvelle du
juridique.

Autre nouveauté des cités grecques : l'espace
de la guerre. Lui aussi reçoit son autonomie.
La cité fait de la guerre une affaire publique,
conduite par ses magistrats, accomplie par les
citoyens en armes. Une guerre se décide en assemblée ; elle se déroule dans un espace choisi,
souvent propice au choc frontal de deux pha-
langes chargeant l'une contre l'autre. Il n'y a
plus de place pour la razzia, ni pour la ven-

detta, la vengeance privée, l'expédition des co-vengeurs d'une même maison contre une autre. Le sang versé à la guerre n'est pas un homicide, il n'entraîne ni souillure ni purification. C'est d'ailleurs une des caractéristiques des lois de Dracon : il n'y est pas question de purification, pas plus que de souillure en général. En devenant sujet de droit, le meurtrier semble se dépouiller de la ritualité dont l'entourent volontiers des cultures marquées par le même archaïsme, dans l'Afrique de l'Ouest ou dans le monde amérindien. En l'occurrence, et dans la perspective comparatiste qui est toujours la nôtre, les cités grecques, tout en portant témoignage d'une rupture et d'un commencement radical, font voir parallèlement la prégnance de représentations socio-religieuses du meurtrier et de la souillure entre le VIIe et le IVe siècle avant notre ère : déchaînement de puissances anonymes éveillées par la souillure d'un groupe, sinon d'un territoire ; maladies effroyables montant à l'assaut des chairs du meurtrier ; purifications par le sang des victimes coulant sur le corps de l'homicide. Autant de figures que l'historien, attentif aux changements, est tenté de rassembler afin de les assigner à un état social et religieux antérieur à l'avènement de la cité et, plus précisément, à l'entrée dans le droit explicite des tribunaux du sang.

Aujourd'hui, nous hésitons à reconnaître à

l'horizon de la ou des cités grecques une forme
de pensée mythico-religieuse qui serait marquée par ce que Louis Gernet appelait, en
1949, le prédroit, pensée globale habitée par le
mythe et qui allait s'effacer devant la rationalité
du juridico-politique[113]. Nous ne pouvons pas
davantage croire avec Marie Delcourt, écrivant
en 1959 un remarquable essai sur le matricide
et sa projection légendaire en Grèce, que
« l'ethnologie délimitera un jour synchronique-
ment et diachroniquement l'aire d'extension
de... croyances[114] », comme celles qui prolifèrent dans le sillage d'Oreste, meurtrier de sa
mère pour être vengeur de son père. C'est précisément aux entours de l'extrême assassin
Oreste que se sont fixées, dans la tradition grecque, les représentations à la fois les plus vives et
les plus diverses des effets du sang versé : folie
du meurtrier, identification avec la victime,
fuite, exil, purifications répétées par le sang, fondations d'autels et de sanctuaires, jugements devant les tribunaux qui ne peuvent mettre un
terme aux errances ni à l'envahissement du
meurtrier par les puissances du sang répandu.
Trois quarts de siècle après Dracon, et pendant
une période comprise entre 550 et 400, le matricide Oreste propose la configuration la plus
riche des liens qui peuvent se nouer entre l'homicide et celui ou celle dont le sang a été
versé. Dans la culture grecque, c'est le dossier

« Oreste » qui offre au comparatiste anthropologue les données le mieux articulées pour analyser les effets du meurtre dans le corps du meurtrier et pour mettre ainsi en perspective une série de sociétés qui font une place de choix au meurtrier et à son éclatante souillure.

À la singularité d'Oreste, il faut un contexte, et double : d'une part, les modalités de transmission de la souillure en pays grec ; de l'autre, les effets réguliers du sang versé sur le meurtrier demeurant sur les lieux mêmes du crime. Premier contexte entrevu dans l'affaire des Alcméonides : le meurtre des Cylonides suppliants cramponnés à l'autel des Euménides, qui sont l'autre face des Érinyes, les comptables du sang versé sur le territoire d'Athènes, déclenche une souillure en forme de raz-de-marée : elle submerge l'ensemble du groupe, de la maison des Alcméonides (on parlera de 700 personnes), elle attaque la totalité des autels et des sanctuaires du territoire de l'Attique, elle atteint si profondément les racines de ces présumés autochtones qu'Épiménide, le purificateur appelé de Crète pour endiguer le fléau, le *loimos*, devra se livrer à une refondation des liens avec la terre en édifiant des autels et en sacrifiant des victimes animales à l'endroit où elles choisissent de se coucher, désignant ainsi comme dans les rituels de fondation des cités nouvelles le lieu adéquat aux puissances du terroir. « À souillure majeure, il faut un purificateur absolu », comme l'écrit Jean-Louis Durand[115]. Au Ve siècle, les médecins hippocratiques, écartant de leurs analyses les maladies du type « fléau » ou *loimos,* refusent le modèle d'une souillure qui pourrait atteindre tous les membres d'une même communauté : ils défendent la thèse du contact singulier de chacun avec le facteur de maladie. Le corps malade ou « souillé » d'un individu est appréhendé, très tôt, en dehors de sa relation avec un territoire, et même à l'écart de son appartenance à une communauté politique. Dans ce milieu de savoir comme dans la pensée juridique de Dracon, et un peu plus tôt, toute représentation d'un champ de souillure emplissant la totalité d'un territoire est exclue autant que celle de purification de caractère religieux.

Au modèle mythico-religieux de l'affaire des Alcméonides le milieu des tribunaux du sang va substituer un paradigme de type politique qui va sévir entre Dracon et la cité grecque du IVe siècle avant notre ère. Le meurtrier doit être tenu à l'écart d'une série de points sensibles de l'espace de la cité : de l'eau lustrale — il ne doit pas s'approcher des vasques placées à l'entrée des sanctuaires et de l'agora ; des libations, quelles qu'elles soient, faites en l'honneur des dieux ; des cratères, ceux des salles de banquet ou qui sont dressés parfois dans les rues ; des

sanctuaires, des autels, de tous les lieux consa-
crés aux relations privilégiées entre les dieux et
les hommes. Des listes semblables se retrouvent
entre Eschyle, Platon et Antiphon : un meurtrier ne peut plus habiter la maison de son
père, ni sacrifier sur les autels de son dème, ni
prendre l'eau lustrale dans sa phratrie ; il sera
tenu à l'écart des *nomima*, des lieux et des moments religieux traditionnels ; il ne doit
« souiller », *miainein*, ni les sanctuaires, ni la
place publique, ni les ports, ni aucun autre lieu
de réunion. L'interdiction lui en est faite, publiquement et par déclaration solennelle. Le
meurtrier est « excommunié » au sens politique ; il cesse d'avoir part, de participer à tout
ce qui constitue la vie socio-politique des citoyens. Antiphon ou l'auteur des *Tétralogies* insiste sur la transmission de la souillure en parlant de « remplissage » : « le *miasma* remplit les
innocents à la table desquels le coupable s'as-
sied ». *Ana* ou *kata* ou *sunkata-pimplènai* : remplir par excès, par saturation et singulièrement
en ces lieux où les citoyens mangent et boivent
ensemble, en ces lieux d'assemblées, de sacrifices, de réunions et de banquets, là où les citoyens forment une sorte d'organisme homogène. C'est là où se pratique le plus activement
la similitude, l'*homoiotès*, que la souillure du
meurtrier risque le plus de « remplir excessive-
ment » la communauté politique. Plus que

d'impureté religieuse, il convient de parler de souillure *politique*. Au milieu de toutes les vicissitudes de sa carrière de meurtrier, Oreste se verra contraint, en terre athénienne, de boire et de manger seul, sous le signe de la fête hivernale du vin nouveau !

Autre contexte qui permet de prendre mesure des étrangetés d'Oreste : les effets du sang versé sur le corps et l'esprit du meurtrier. Les Alcméonides, souillés du sang des Cylonides, sont très tôt qualifiés d'*enageis*, englobés dans la souillure, possédés, saisis par une puissance de souillure, une puissance le plus souvent anonyme et génétique, tantôt *daimôn*, tantôt *Érinye*. « Certain vieux récit de la tradition », évoqué par Platon dans les *Lois*[116], témoigne que « l'homme mort de mort violente, s'il a vécu libre et fier, est, sitôt mort, irrité contre celui qui l'a tué, et lui-même rempli de crainte et de frayeur à la suite de la violence subie, ne peut voir son propre meurtrier vivre et avoir les habitudes qui lui étaient à lui-même coutumières sans être pris d'effroi et, lui-même plein de trouble, sans troubler autant qu'il peut son meurtrier dont il prend la mémoire comme alliée pour l'inquiéter en son âme et dans ses actes. Ainsi faut-il que le meurtrier se retire devant sa victime pendant toutes les saisons successives d'une année et quitte tous les lieux où il était chez lui, en quelque endroit de sa patrie que ce puisse être ». Représentations que n'abolit pas la législation sur le sang ni la délimitation d'un espace politique que ne peuvent plus partager le meurtrier et ses ex-concitoyens. Cette fois, il s'agit des liens obscurs et terribles qui viennent se nouer entre l'homicide et sa victime, entre le « nouveau mort » (*neothnès*) et son meurtrier. Mélange de colère, de désir et de peur affolée : être en colère, *erinuein,* ce verbe si actif dans le nom même des *Érinyes*, ces puissances éveillées par le sang versé ; être envahi par du *thumos,* être *enthumios,* inquiet, tourmenté par ce qu'il doit faire ou ce qu'il a fait ; être en proie à la peur, à l'effroi, à l'épouvante, être affolé et affoler lui-même de toute la force de son affolement son assassin. La violence subie invite à la violence en retour : le meurtrier est envahi par les puissances de peur et d'effroi qui agitent la victime quand elle est ce « nouveau mort », assiégeant celui qui a versé son sang, lui disputant des lieux familiers et habitant à chaque instant la mémoire de son assassin. Si le meurtrier ne veut pas sombrer dans la folie, sinon davantage, il faut qu'il s'exile, qu'il déserte les lieux fréquentés par sa victime et lui-même, afin d'échapper à la force d'une souillure — colère qui se tourne, « prostropaïque » — vers son meurtrier, jusqu'à la possession et à l'identification.

Souillure et territoire, victime et meurtrier :

traditions et représentations des Grecs méritent
d'être confrontées à celles d'un certain nombre
de sociétés amérindiennes ou africaines. Certaines d'entre elles mettent en relation étroite un
type de souillure et un espace social à travers
une puissance, souvent anonyme, qui « sanc-
tionne la souillure survenant dans l'aire de sa
juridiction ». Un « champ de souillure », selon
la formule de Michel Cartry et d'Andràs
Zempléni[117], semble pensé et défini comme un
espace-corps englobant les corps de tous ceux
qui lui appartiennent. La souillure, dans ce cas,
est ressentie comme une entame faite à la plénitude du corps global. En guise de réparation
ou de purification de ladite souillure, la puissance du corps entamé réclame que l'on res-
taure sa plénitude en retraçant ses limites. Purification ou réparation qui prend la forme d'un
encapsulage, d'un « enkystage », disaient les mêmes africanistes, par exemple du meurtrier à
l'intérieur du groupe ou du segment d'espace
contaminé. Sans ouvrir la comparaison sur ce
point, d'emblée surgissent une série de différences avec le monde grec : aucune souillure
sexuelle n'est assimilable à celle du sang versé,
pas même celle de l'« inceste » qui, d'ailleurs,
n'est pas en Grèce un vrai *miasma* ; l'espace social d'un lignage ou d'un autel de la terre n'est
pas homologue à l'espace politique de ces groupes de solidarité qui ponctuent le domaine de la

cité ; à l'entame répond la saturation, tandis que la redéfinition des limites par « enkystage » du meurtrier s'oppose à la manière grecque d'expulser l'homicide, invité ainsi à s'ouvrir un espace neuf à l'écart de ses lieux familiers. Dans une série de traditions d'ordre mythique, l'auteur d'un meurtre se voit valorisé, non pas à l'intérieur même de sa société, mais dans l'espace ouvert et étranger que les cités grecques pensent volontiers comme vierge, en friche et sans appartenance aucune.

Ce sont les procès d'identification du meurtrier et de la victime qui semblent offrir ici les éléments les plus intéressants pour une mise en perspective des sociétés anciennes et de certaines sociétés africaines et amérindiennes. Au départ, Oreste semble fort étranger à l'image du matricide qui va le marquer entre Stésichore d'Himère en Grande Grèce et Euripide d'Athènes en son théâtre. Dans l'*Odyssée,* Oreste qui veut venger son père tue Égisthe ainsi que Clytemnestre. Athéna fait son éloge en face de Télémaque, tandis qu'Oreste, à Argos même, sur place, célèbre les funérailles de ses deux victimes, offrant le banquet funèbre à l'ensemble des Argiens[118]. Il n'y a pas de matricide. Rien qu'un vengeur. Ni purification, ni tribunal. La gloire que vaut à Oreste d'avoir vengé son père éclaire le destin de Télémaque et fait signe en direction de la vengeance qui est la part intouchable d'Ulysse faisant retour. Milieu du VIe siè-cle avant notre ère : un autre Oreste s'enfuit dans la nuit, échappant à la fureur meurtrière de Clytemnestre[119]. C'était quelque part en La-conie. Emmené à Delphes, Oreste reçoit d'Apollon l'ordre de verser le sang de sa mère et de l'amant de Clytemnestre. Le dieu de Del-phes remet au vengeur son arc, un arc qui a fait ses preuves : les flèches meurtrières tiendront en respect l'*Érinye* surgie du sang fraîchement versé de la mère d'Oreste. L'Apollon de Del-phes connaît la souillure, l'exil et l'épouvante. Naguère, en Argolide, après le meurtre de Py-thon, il fut saisi de si grandes frayeurs — en un lieu appelé « aujourd'hui encore » *Terreur* — qu'il s'enfuit jusqu'en Crète vers les seuls puri-ficateurs experts en de si hautes souillures. Apollon connaît les chemins d'Oreste ; dieu meurtrier, exilé et même impur, il sait intime-ment, au milieu des criminels montant vers sa demeure à Delphes, la possession horrifiée de l'assassin par sa victime se dressant soudaine-ment et sifflant de colère[120].

Ce dieu impur et meurtrier, Pindare, en 474 avant notre ère, lui donnera le nom d'Arès, le fou guerrier, le maître emporté par la violence des batailles et des tueries[121]. Il sera encore Apollon, « le pur exilé du ciel », dans l'*Orestie* d'Eschyle, un peu plus tard, quand Oreste fera en la compagnie du dieu l'expérience cumulée de l'exil, pour user sa souillure au long des chemins, de la purification, pour que le sang d'une victime animale le lave du meurtre d'une mère, et, enfin, du tribunal humain de l'Aréopage, de la colline d'Arès, pour retrouver une place dans la cité des hommes. Autour d'Oreste, un ensemble de récits dispersés dans le Péloponnèse racontent les troubles du meurtrier, les attaques dont son corps est l'objet, les traitements que des rites appropriés lui font subir. En Achaïe, à Kerynaia, on montre un sanctuaire dit des Euménides, fondé par Oreste en ses errances. C'est un espace inquiétant même sous le nom apaisé des Érinyes : « Quiconque y pénètre en étant possédé par le sang versé ou une autre souillure... est aussitôt assailli par des visions effrayantes et se trouve hors de lui ». Chambre des folies et des terreurs qui se sont abattues sur Oreste, la nuit même de la mort de Clytemnestre, quand le fils meurtrier s'est mis à bondir comme un possédé de Dionysos, assailli par la vision hallucinée des « Trois Vierges, semblables à la nuit[122] ». En Arcadie, sur la route de Mégalopolis à Messène, il est un autre lieu où est passé Oreste[123]. On l'appelle *Les Furies* ainsi que le pays alentour. C'est là qu'Oreste est entré en fureur et que, saisi de folie, possédé par les *Maniai*, il a dévoré un morceau de sa main, un doigt arraché que commémore un léger tumulus dit le « Monument du

Doigt », à deux pas du sanctuaire en l'honneur des Furies. En regard de ce premier sanctuaire, il est un autre lieu, appelé Guérison (*Akè*), qui est aussi un sanctuaire consacré aux Euménides, l'autre face des violentes et furieuses Érinyes. Au moment où les Furies l'envahissaient, Oreste avait vu leurs faces noires. Une fois amputé de ce fragment de lui-même, les mêmes puissances lui étaient apparues blanches et lumineuses. À ce spectacle, Oreste aurait retrouvé la raison, et, pour mieux l'assurer, il aurait offert sur place deux sacrifices sanglants : l'un de type expiatoire (*enagidzein*) aux Déesses Noires pour écarter leur colère ; l'autre de nature alimentaire à l'adresse des Puissances Blanches, en l'occurrence conviées en même temps que les Grâces — *Charites*. Un dernier sacrifice dit « de la chevelure coupée » était venu sanctionner le terme de l'égarement et le retour à soi : sacrifice du *Coureion*, lorsqu'Oreste avait coupé sa chevelure d'égaré hirsute, comme s'il renaissait, devenait un de ces jeunes hommes dont l'entrée dans l'âge adulte était marquée à Athènes par un sacrifice appelé *Coureion,* de la tonte, celle des moutons et des chèvres offerts en sacrifice pour les jeunes garçons et leur première barbe à la puberté.

D'affreux malheurs menaçaient Oreste. Delphes en avait prophétisé la montée : « des maladies effroyables se jetant à l'assaut des chairs, des lèpres à la dent sauvage qui vont ravageant ce qui, la veille, était un corps, tandis que des poils blancs se lèvent sur les plaies[124] ».

Qu'il ne venge pas son père ou qu'il verse le sang de sa mère, Oreste également assailli éprouve dans son corps la mort violente de l'autre : tantôt mort-vivant, tantôt voué à l'auto-cannibalisme et semblant offrir à la victime faisant corps avec lui un morceau de sa propre chair, avant de pouvoir faire retour vers le sacrifice socialisé de l'autel et des victimes à nouveau partagées. À Trézène, en Argolide, c'est un Oreste durement éprouvé qui est soumis à une longue purification[125]. Neuf citoyens s'emploient à le débarrasser de la souillure du sang versé. Durant le traitement, Oreste est logé dans une baraque construite en face du sanctuaire d'Apollon, car personne ne veut le recevoir dans sa maison ! La purification semble se faire en deux temps : sur la pierre sacrée, dressée devant le temple d'Artémis ; dans la cabane isolée, où les purificateurs le nourrissent jusqu'au moment où il cesse d'être impur. Le régime alimentaire du meurtrier est un aspect important du traitement, car, aujourd'hui encore, note Pausanias, les descendants de ceux qui ont purifié Oreste y prennent leurs repas, à des jours déterminés. Non loin de la baraque dite d'Oreste, on enfouit tout ce qui a servi à la purification : restes de victimes, médecines diverses, car les neuf purificateurs ont eu recours, dit-on, à divers procédés, et en particulier à une eau provenant de la fontaine du Cheval, une eau associée à la puissance d'un cheval né de la terre, et voisine de l'eau terrible de Styx, Puissance de serment, coulant en cercle dans les entrailles de Gaia.

Davantage que l'eau, même dotée de si grands pouvoirs, le sang coulant sur le meurtrier a vertu pour le purifier de la souillure du sang répandu. « Ils veulent se purifier eux qui sont souillés de sang avec le sang d'un autre[126] ». Héraclite en son ironie n'a pas besoin d'évoquer Oreste. D'autres meurtriers ou criminels possédés par une souillure connaissent la purification par le sang que certains « charlatans », dénoncés par les médecins hippocratiques, recommandent dans le traitement des « épileptiques », atteints de la maladie dite sacrée[127]. Mais le matricide de l'*Orestie* raconte lui-même comment il a été purifié par Apollon, à Delphes, dans le sanctuaire du dieu dit *Phoibos*, c'est-à-dire le Pur. « Ma souillure était fraîche quand au foyer de Phoibos l'offrande purificatrice d'un pourceau égorgé l'a chassée loin de moi[128] ». Apollon fait office de purificateur, sur un de ses autels, peut-être celui réservé à Hestia, la puissance du feu domestique et sacrificiel installée dans la chambre, le mégaron d'Apollon. À la manière de celui qui purifie par le sang, le dieu fait couler sur la tête et sur les épaules d'Oreste le sang d'un porcelet, la victime la plus généreuse de ce liquide vital. Sur un cratère du musée du Louvre, trouvé à Armento, Oreste assis sur l'autel d'Apollon reçoit le sang de la victime tenue au-dessus de lui, comme s'il était lui-même un autel vivant éclaboussé par la vie rouge de l'animal égorgé[129].

Plus attentive que d'autres à ces procédures de régénération du meurtrier, déjà transformé par l'exil en mort-vivant, Marie Delcourt suggérait d'y voir une posture identifiant l'homicide au nouveau-né sous l'organe ensanglanté, appelé en grec *delphus*, si proche du nom du cochon de lait, *delphaks*. Elle montrait même que certains vivants, considérés comme morts à la suite d'une disparition ou de funérailles accomplies par erreur, étaient soumis à un rituel circonstancié de renaissance[130]. Sans exclure un symbolisme explicite de la nouvelle naissance, peut-être faut-il mettre en avant le traitement sacrificiel que le rituel de Trézène formule en termes choisis : la commensalité commémorative des purificateurs et de leurs descendants venant confirmer le régime alimentaire réservé à l'homicide enclos dans son cabanon. L'autel redoublé par la scène de purification avec le sang sacrificiel va dans le même sens : le meurtrier, si violemment exclu du cercle de ceux qui ont part au sacrifice en tant que rituel social et politique en Grèce, revient vers le sacrificiel, certes en fondant ici et là un autel, en offrant lui-même les sacrifices distincts qui visent à séparer les Euménides des Érinyes, mais aussi, plus radicalement, en tenant le rôle d'un autel que fonderait le sang versé d'une victime par un dieu comme Apollon, si volontiers fondateur de sacrifices, d'autels et de sanctuaires. C'est sur le même horizon sacrificiel qu'il convient peut-être d'interpréter deux procédures rituelles mises en œuvre par les meurtriers soucieux d'éviter la colère en retour de leur victime. Dans un cas, il s'agit de lécher le sang coulant des blessures et de le recracher dans la bouche du mort ; dans l'autre, le meurtrier moissonne sur le cadavre les extrémités — mains, nez, oreilles — de manière à en faire un collier autour de ses aisselles ou bien afin de les déposer sur le corps de sa victime[131]. Cette dernière pratique, dite *maschalismos,* porte le même nom que l'offrande faite aux dieux, dans les sacrifices de victimes animales, de petits morceaux de chair crue prélevés sur toute la surface et placés ensuite sur les cuisseaux mis à brûler sur l'autel. Ces *maschalismata,* déjà attestés par des lexicographes anciens, et maintenant confirmés par une loi sacrée de l'Attique[132], sont homologues à ces prémices, *apargmata,* offertes par le meurtrier léchant le sang de sa victime et le crachant dans la bouche du cadavre, ainsi traité, semble-t-il, dans l'un et l'autre cas, comme une victime d'un sacrifice et non d'un meurtre.

Usant de ce biais rituel qui transformait en victime sacrificielle le cadavre de sa victime, le meurtrier espérait ainsi ne pas quitter l'espace sacrificiel d'où le sang versé d'un être humain aurait dû aussitôt l'exclure en le vouant à la fuite hallucinée, sinon à l'exil perpétuel.

C'est sur Oreste que se condensent les représentations les plus vives des liens se nouant entre une victime et son meurtrier dans le temps même où semble s'imposer la vision de l'homicide abstrait de ce conglomérat de souillures, de solidarités et de rituels de purification qui semble appartenir à un avant de Dracon et des tribunaux du sang, dans l'espace nouveau de la cité. À cet imaginaire enté sur Oreste, il faut ajouter la dimension du meurtrier valorisé et se traitant lui-même dont certaines figures ne sont pas étrangères aux récits mêmes de matricide affolé. Au lieu de se laisser prendre dans le filet des liens effrayants et convulsifs dont le meurtrier ne pourra s'échapper qu'au terme d'un long et dangereux parcours rituel, il est permis à l'homicide de neutraliser immédiatement les effets du sang versé en coupant brutalement tous ses liens avec son territoire et son groupe social. Le meurtrier peut s'exiler, et, ce faisant, il se transforme sur le champ en mort-vivant : sans droits, privé de sa maison, de ses biens, de ses rapports avec les dieux. Un mort-vivant qui laisse derrière lui la violence et le pouvoir d'un « nouveau mort » en même temps que son ancien territoire. Un mort-vivant en sursis, le temps de gagner le sanctuaire de Delphes, ce lieu extraterritorial, et d'obtenir du maître de l'oracle l'autorisation de partir en quête d'un territoire nouveau, de s'en aller à la recherche d'un espace où s'installer, habiter, fonder une cité nouvelle sans laquelle il ne peut y avoir de maison ni de vie sociale. C'est à Delphes, et seulement à Delphes, que les meurtriers choisissant de s'exiler peuvent rencontrer le dieu, lui-même homicide et naguère exilé, qui leur ouvre la voie d'une territorialisation sans passé, sans mémoire ni du sang versé ni des liens anciens[133]. L'ex-meurtrier se transforme à la manière d'Apollon en Fondateur destiné à devenir après sa mort le glorieux Archégète en qui la cité nouvelle reconnaît son Ancêtre commun et immédiat. Meurtriers plus imaginaires que réels (au moins, dans notre documentation d'après coup), mais qui viennent dire, dans la Grèce de la colonisation entre le VIIIe et le Ve siècle avant notre ère, les vertus inaugurales de l'homicide qui sait se purifier en se séparant radicalement de sa première identité. Individu pratiquant l'autofondation sur un mode « politique », à la manière grecque d'une cité autonome et qui peut s'implanter sur n'importe quelle partie de la peau de la terre.

CHAPITRE V

Du sexe de la mythologie

Le regard d'Orphée n'appartient qu'à Eurydice. Ici, peu importe l'hommage de Mallarmé, évoquant le Livre, « persuadé qu'au fond il n'y en a qu'un », soit « l'explication orphique de la Terre, qui est le seul devoir du poète et le jeu littéraire par excellence[1] ».

Après le festin mis à nu entre Lycaon et Oreste enlacés au milieu des oliviers, il fallait soulever le voile d'un monde de femmes, annoncé par la mise à mort sur le Pangée. Entrevoir que l'extrême cruauté s'origine peut-être dans l'envie violente d'engendrer seule qui pousse Héra aux extrémités du monde. À coup sûr qu'elle inspire la nuit de noces des filles de Danaos, égorgeant les mâles pris au filet du lit conjugal.

La mythologie aurait-elle donc un sexe ? On murmure que la voix vive d'Orphée refuse toujours de chanter un oracle sur une question si vaine.

Il n'a pas été surpris d'apprendre qu'il est devenu un des principaux suspects dans l'enquête ouverte depuis peu sur le vol des « instruments de musique » *qui étaient, au temps béni du matriarcat, la source du pouvoir des femmes². Pour renaître d'eux-mêmes de manière illimitée, les récits et les mythes, qu'ils soient vrais, fictifs ou illégitimes, n'ont peut-être aucun besoin de sexe.*

1. Potagerie de femmes
ou comment engendrer seule

Ce n'est pas la première fois que la déesse Héra s'en va visiter Océan et Téthys. La route est longue pour gagner le bout du monde. Et avant d'arriver au grand fleuve d'eau douce, dans le cercle sans limite où demeure le premier couple, frère et sœur, nés de la même mère, Héra, fatiguée par le voyage, décide de s'arrêter dans le jardin de Flora³.

Les rives d'Océan sont doublement familières à l'épouse du maître de l'Olympe : une part de ses enfances, longues de plusieurs siècles, la ramène vers la figure des grands-parents primordiaux qui l'ont élevée dans le secret et dans le silence. Et c'est aussi sur les bords du fleuve Océan que se dresse la chambre nuptiale qui a fait d'elle l'épouse légitime de Zeus, lui donnant les clés du mariage et fondant le privilège de sa souveraineté sur le rituel des épousailles au point que, dans la fête du mariage des dieux, dans les *Théogamies*, le Zeus alors invoqué porte le nom d'Héra[4]. Retour à soi et à sa seule identité. Dans une autre occasion, racontée dans l'*Iliade*, elle venait, disait-elle, en entremetteuse, mais pour convaincre Océan et Téthys de mettre un terme à leur querelle et de s'unir à nouveau d'amour, comme il convient entre frère et sœur[5].

Aujourd'hui, sa colère est grande, elle vient se plaindre de la conduite de son époux. Non pas de ses infidélités qui lui donnent parfois de l'humeur. L'affaire est grave. Pour avoir avalé Métis et englouti toute la ruse du monde, Zeus, devenu gros d'une fille sans mère, a engendré de lui-même Athéna. Il est devenu père sans l'aide de son épouse ; à lui seul, il possède les deux noms de père et de mère. Héra se trouve dessaisie de son pouvoir essentiel : la légitimité du lit conjugal. La naissance insolite d'Athéna dénie sa souveraineté sur la couche royale. La riposte ne s'est pas fait attendre. À son tour, Héra décide d'enfanter tout en restant chaste, de se reproduire sans que son époux la touche ni même la frôle. Le voyage au bout du monde la conduit vers le pays où sont inscrits les signes de sa puissance outragée : « J'essaierai tous les philtres dans le vaste monde, je fouillerai les mers, j'irai dans les gouffres du Tartare[6] ». Pour être à la fois le père et la mère, Héra a besoin d'inventer une drogue inouïe. Et dans un coin de son jardin, Flora en cultive le secret.

« J'étais la Verdoyante, Chloris, moi qu'on appelle maintenant Flora[7] ». Autrefois nymphe du domaine où vivaient les Bienheureux ; aujourd'hui, ravie par le vent d'ouest, Flora règne sur les fleurs, maîtresse d'un jardin aux mille couleurs. La floraison commence avec le verdoiement, et toute chose en sa fleur appartient à Flora : les blés, la vigne, et le vin dans le cellier quand la mousse en trouble la surface, et aussi le jeune âge, quand la jeunesse est dans sa fleur, corps vigoureux et plein de feu. Rien de ce qui est dans sa croissance ne lui est étranger. Mais la Flore des *Fastes* dispose de plus hauts pouvoirs : elle enrichit le catalogue des fleurs et des plantes avec des espèces nouvelles. D'étranges semences viennent de son jardin. De deux types : il y a les fleurs nées du sang de beaux jeunes hommes frappés de blessures mortelles. Certains ont gardé le nom du vivant détruit dans sa fleur : Narcisse, Krokos, Hyakinthos[8]. Une autre, comme l'anémone née de la vie répandue d'Adonis, évoque la vanité de ce qu'un souffle emporte[9]. Et, tout à côté, unique et anonyme, la fleur précieuse qui vient des terres d'Olène. Remise à Flora par un personnage mystérieux, elle rend féconde d'un simple attouchement et nulle stérilité ne lui résiste. À l'inverse du narcisse ou de l'anémone dont la tige se forme du sang versé, la fleur d'Olène engendre la vie et le sang neuf[10].

La quête d'Héra est achevée. Elle a trouvé la semence qui permet d'enfanter sans contact avec un corps étranger. La main de Flore détache la fleur de sa tige, l'approche d'Héra, la frôle. Aussitôt elle est enceinte. C'est Arès, le dieu de la guerre, qui va naître de la fleur d'Olène. La plante sans nom féconde à fleur de peau, elle élude la relation sexuelle. En pénétrant dans le domaine qui s'ouvre à proximité du fleuve Océan, non loin du verger aux fruits d'or qui symbolisent le contrat rituel de ses noces, Héra, sans abdiquer son statut d'épouse, passe d'un jardin partagé à un autre où sa puissance dans la légitimité conjugale s'affirme souveraine et déclare son autonomie. Mais l'épouse de Zeus récidive. À nouveau, dans un jardin, et, cette fois, côté potager. En mangeant une laitue, elle engendre la sœur après le frère : *Hébé* ou Jouvence. On n'en peut douter, même si la fable n'est racontée que dans un fatras généalogique des *Mythographes* dits du Vatican[11]. Car la série commence avec Héphaïstos et l'effroyable Typhon, et elle est aussi ancienne que la *Théogonie* d'Hésiode[12]. Par colère et défi lancé à son époux — celui qu'elle appelle avec arrogance « compagnon de lit[13] » —, Héra engendre Héphaïstos, « sans s'unir d'amour ». L'absence de désir est-elle une drogue assez subtile pour devenir le substitut d'une fleur d'Olène ? Nulle réponse sinon que l'enfant Héphaïstos serait sorti de la cuisse d'Héra comme Dionysos de celle de Jupiter quand il cueillit l'enfant dans le ventre de Sémélè déjà incendiée par la foudre.

La vérité du forgeron est inscrite dans ses extrémités : pieds tordus et jambes courbes qui sont les marques visibles du pouvoir sur le feu et de la maîtrise dans l'art des métaux. Mais la fille jaillie de la tête de Zeus rend la mère insatisfaite de ses œuvres, elle n'a plus de regard que pour les pieds obliques de son fils. Cette fois, elle fera mieux. Contre Zeus et pour lui ravir le feu du ciel, Héra décide de concevoir un fils éclatant, plus puissant que son père. La Terre et le Ciel, et les dieux Titans sont invoqués : la main ouverte frappe le sol, lourdement. Et Gaia qui donne la vie et les nourritures est parcourue d'un frémissement. Neuf mois plus tard, le sinistre Typhon fait son apparition, produit de la complicité d'Héra et de Gaia, Terre portant dans ses entrailles le fruit qu'engendrent avec elle les hautes puissances mises en branle par la volonté d'Héra[14].

Plus discrète, une autre version confirme la solidarité qui se noue entre Terre et l'épouse de Zeus. La guerre contre les Géants est terminée, et la Terre, irritée du massacre de ses fils, fait partager sa colère à Héra, elle l'excite contre Zeus et son pouvoir despotique. Comme dans l'histoire d'Arès, Héra prend le chemin du long voyage. Elle va trouver Cronos, aux limites du monde, là où dorment les puissances d'autrefois. Et le père de Zeus lui remet deux œufs recouverts de sa propre semence : elle devra les confier à la Terre, les enfouir sous le mont Arimon en Cilicie[15]. La semence de Cronos, le ventre de la Terre et l'œuf dédoublé : en voilà assez pour créer Typhon, le bien-nommé, un monstre plus redoutable qu'Héphaïstos, rebelle si timide que sa seule audace est de prendre le parti de sa mère.

Mais entre les frères aux extrémités recourbées, également maîtres du feu et des vents, une autre relation s'énonce à travers l'orbe de matière vivante, l'œuf qui contribue à la genèse de Typhon comme à la formation d'Héphaïstos, dans une version dérobée à l'ironie de Lucien. Car le *Dialogue sur les Sacrifices,* faisant allusion à la mère qui enfante sans union sexuelle, désigne Héphaïstos comme un enfant « du vent », avec la double orientation du mot grec *hypènemios*[16]. Porté par le vent, un rejeton ne peut être que vain et sans consistance. Mais le même terme a valeur technique pour parler d'un œuf *clair,* sans germe, comme en conçoivent certains oiseaux domestiques et où des biologistes contemporains d'Aristote trouvent la preuve que les femelles peuvent émettre de la semence sans intervention du mâle[17]. Surgi d'un œuf clair, l'Héphaïstos marginal de Lucien n'est ni plus ni moins l'enfant du vent que l'Éros désirable de la cosmogonie orphique, racontée dans les *Oiseaux* d'Aristophane : en tout premier, la Nuit aux ailes noires produit un œuf sans germe, elle le dépose dans le sein sans limite de l'Érèbe, et il en sort un dieu semblable aux tourbillons du vent, la puissance du Désir, en personne[18].

Entre Flore et Nuit, l'on reste entre femmes, et le désir d'Héra d'engendrer seule renoue avec les œuvres des puissances féminines les plus autonomes : Terre qui n'oublie jamais qu'elle est la première à porter la vie, et Nuit ailée de noir qui ne connaît aucun pouvoir excédant le sien. Des quatre produits d'Héra, nés sans autre père que leur mère, seule la fille nommée Jouvence ne semble pas s'inscrire explicitement sur l'horizon primordial que désigne le voyage vers Océan ou vers le château de Cronos, non moins que le rôle joué par Gaia, la mère antérieure à son propre couple et qui commence par enfanter d'elle-même avant que n'apparaisse le Désir et, avec lui, la jouissance amoureuse. Alors que Typhée, créature de feu, de serpents enlacés et de violence tentaculaire, multiplie démesurément les stigmates monstrueux de son aîné Héphaïstos, Jouvence, née de la laitue consommée par Héra, semble n'être que le répondant féminin de l'Arès inventé par la fleur unique.

Zeus a sans doute de bonnes raisons de haïr la fougue intempestive d'un dieu de la guerre effrénée[19], mais le fils conçu par Héra n'excède nullement le pouvoir reconnu de Flore : bras et jambes rapides, par sa fougue et par sa vigueur, il incarne, sur le mode masculin, les vertus des jeunes années, prolongeant la tradition homérique qui place la force suprême du guerrier dans la fleur de la jeunesse. Pareillement, sa sœur Jouvence porte dans son nom l'inscription de sa nature florale : dans le vocabulaire des biologistes et des médecins, *Hébé* est le signe de l'adolescence, l'âge nubile, quand le pubis est dans sa fleur, quand il se couvre de sa première toison[20]. Dans l'ancienne cité de Phlionte, elle est le féminin du beau Ganymède — dont le nom évoque également l'éclat, la brillance vitale du corps —, et, comme l'échanson ravi par l'aigle, elle règne sur les festivités des Olympiens, versant à boire dans les banquets où les dieux s'éjouissent, bras et jarrets toujours jeunes[21].

Dans le couple harmonieux de la sœur et du frère, l'étrangeté s'insinue par l'espèce végétale qui donne naissance à la beauté d'Hébé. En effet, la laitue qui féconde Héra n'est pas inconnue au pays de Flore. Elle y est présente implicitement, et dans le coin secret réservé aux semences nouvelles, derrière l'anémone dont la vie éphémère se meurt dans le sang d'Adonis[22]. Dans les *Métamorphoses,* la mort de l'amant d'Aphrodite se joue sous le signe d'une fleur dont toutes les valeurs convergent dans la négation de la séduction : mal fixée et trop légère, à peine surgie, elle tombe détachée par le vent qui lui donne son nom ; elle est la rose veuve de parfum, et elle ne ressemble à la fleur familière du grenadier que pour avouer sa privation de fruits. Par quoi l'anémone est l'homologue, sur le plan végétal, d'une plante horticole associée, depuis les poèmes de Sappho, à l'échec d'Adonis et à sa mort pitoyable sous les coups du sanglier : la laitue précisément. Herbe potagère, froide et humide, vers laquelle le beau séducteur aux abois cherche refuge, à moins que par une étourderie fatale sa maîtresse ne veuille l'y cacher. Car la laitue passe pour un mangeur de cadavres et surtout pour rendre impuissants ceux qui en mangent.

Dans l'espace enclos par les femmes au jardin, sort de l'ombre un contraste insolite entre la fille d'Héra et l'amant d'Aphrodite : deux adolescents à la beauté éclatante, et l'un meurt dans une plante dont l'autre est le fruit d'or. En réalité, la vraie relation est ailleurs, non pas entre les jouvenceaux, mais entre l'austère Héra enfantant Hébé pour avoir mangé une laitue et Adonis dépouillé de sa puissance sexuelle au contact du même légume. D'un côté, Héra, à la fois père et mère, de l'autre, Adonis, séducteur qui n'est plus ni mâle ni femelle mais frappé d'impuissance et saisi par la mort.

Pour expliquer qu'une même espèce végétale exerce, dans un seul système symbolique, des effets aussi contradictoires, il serait vain d'alléguer la différence de position d'une même plante dans des mythes distincts et autrement orientés. La raison, elle est au-dedans même des valeurs reconnues par les Grecs à la laitue : dans un partage fondamental entre le féminin et le masculin qui se repère ailleurs, à propos du gattilier des femmes assemblées ou encore de l'anémone. Et ceci met en cause un ensemble de représentations du corps de la femme en relation avec le plaisir amoureux et le désir assigné à l'un et l'autre sexe.

Dans le monde grec, le bon usage de la laitue obéit à un ensemble de règles qui n'est pas sans déconcerter. Entre eux, les hommes sont bien d'accord : pas de laitue à table. En manger serait se condamner à ne plus avoir accès aux femmes, à se priver de la jouissance amoureuse. Les disciples de Pythagore qui, dans l'ardeur caniculaire, mâchonnent gravement des feuilles de salade, confirment *a contrario* le refus des non-pythagoriciens. Quant aux femmes, leur conduite alimentaire est, en l'occurrence, dic-

tée par les vertus officielles de la salade quant
au bon fonctionnement de leur organisme : ex-
cellente pour les règles et souveraine pour
l'écoulement des menstrues. Partage tranché,
et il n'est pas nécessaire de s'interroger longuement sur le silence du plaisir dont les femmes,
à leur tour, sont frustrées par le triste légume.
L'inégalité entre masculin et féminin sous-tend
le système institutionnel entier ; la jouissance
sexuelle appartient de droit aux mâles qui la
prennent entre eux et avec les courtisanes, tandis qu'aux femmes légitimes il revient de produire des enfants qui offrent la plus grande
ressemblance avec l'époux. Une répartition
identique organise la symbolique du gattilier
dont les branches servent à confectionner les
paillasses sur lesquelles vont dormir les épouses
légitimes réunies, à l'écart de toute présence
masculine, sous le patronage de Déméter Thes-
mophore. D'une part, la plante passe pour fa-
voriser la continence des femmes, et les détour-
ner de toute activité sexuelle pendant le temps
de séparation d'avec leurs époux imposé par le
rituel. Par ailleurs, elle a la réputation de facili-
ter l'écoulement des règles et la montée du lait.
Le cadre rituel de la fête, centrée sur la reproduction de la cité par elle-même, conduit à expliciter les deux termes qui délimitent la relation de la cité des femmes avec le gattilier : il

prive le corps de tout désir et le prépare à sa seule fonction de reproduction.

Mais si le gattilier et la laitue subissent le même partage dans leur configuration, la négation du désir n'est pas énoncée à la même place dans l'un et l'autre cas. Avec le gattilier, c'est le corps de la femme qui est visé par l'absence du plaisir, le temps de la séparation imposée aux époux. Tandis que la laitue, tout en généralisant la mort du désir à l'un et l'autre sexe, assigne au corps masculin un rôle privilégié. Plus que le sommeil de l'activité sexuelle, elle impose, par-delà l'impuissance, la violence d'une mise à mort du partenaire masculin.

C'est l'amant d'Aphrodite exsangue et mort figé. Et il n'est pas surprenant qu'Héra se trouve comblée par la plante qui déçoit si cruellement la maîtresse du trop bel Adonis. N'est-ce pas l'épouse de Zeus qui punit sauvagement Tirésias pour avoir osé dire que dans le commerce amoureux la femme éprouvait neuf fois plus de plaisir que l'homme ? En aucune façon, Héra ne souffre d'être confondue avec l'Aphrodite des sourires et des rondeurs.

Reste à combler la distance entre la laitue séminale d'Héra et la laitue de la lactation et de la menstruation des épouses. Et c'est dans le fonctionnement du corps féminin que se laisse repérer un modèle des flux vitaux, fondé sur la transmutation des différentes humeurs, depuis le lait et le sang jusqu'à la semence et aux menstrues. Toute une alchimie du corps traverse la pensée médicale et la réflexion des biologistes, en particulier des traités aristotéliciens comme la *Génération des vivants* et l'*Histoire des animaux*. Si la montée du lait est si étroitement associée à l'écoulement des règles, c'est parce que le lait est un produit de l'humeur sanguine[23]. Le lait possède la même nature que la sécrétion d'où naît chaque vivant, parce qu'il y a identité entre la matière qui nourrit et celle avec laquelle la nature procède à la génération. Pour les vivants à système sanguin, le lait va donc se former à partir du sang. Aristote le dit explicitement : c'est du sang qui a subi une coction parfaite. Mais si le lait est d'origine sanguine, il s'ensuit, dit le traité *De la génération*, que la nature du lait est la même que celle des règles[24]. Il n'en va pas autrement pour la semence. Résidu de la nourriture, le liquide séminal ne peut être que du sang ou un produit qui en est issu, mais il s'en distingue par le degré de coction : le sperme, produit dans la région vitale du diaphragme, est un sang parvenu au dernier degré d'élaboration. La vérification expérimentale en est apportée par les excès vénériens[25] : le sperme dont le temps de coction n'est plus suffisant prend une apparence sanguinolente ; il est menacé de n'être plus qu'un écoulement de même nature que le flux menstruel s'échappant du corps féminin, dans la partie du mois la plus froide et la plus humide, quand la lune décroît avant de disparaître[26].

La solidarité des phénomènes de lactation et de menstruation est donc inscrite dans la physiologie du corps, mais dans une relation interne à la hiérarchie qui dispose dans un ordre décroissant : le sperme, le lait, le sang et les menstrues. C'est par rapport aux deux termes extrêmes — sperme et menstrues — que se fait le partage entre le mâle et la femelle, mais la définition du pouvoir assigné à chacun peut s'énoncer plus précisément si l'on introduit un élément supplémentaire de la représentation du corps.

Outre le lait et les menstrues, certains animaux du sexe féminin produisent des œufs, qui sont appelés tantôt clairs, tantôt du nom que porte le vent fécondant d'Occident. Ou nés du vent ou zéphyriens[27]. Conçus spontanément, sans intervention du mâle, ces œufs sont produits, en particulier, par des oiseaux à vol pesant qui disposent d'un résidu abondant en ne fabriquant ni serres ni plumes, et qui appartiennent à des espèces où les mâles sont ardents à saillir tandis que les femelles émettent une matière abondante qui ne s'écoule point en flux menstruel. Ainsi les perdrix femelles qui servent aux chasseurs d'appeau : dès qu'elles voient le

mâle ou entendent son cri, elles s'emplissent
d'œufs ou pondent sur-le-champ[28]. Deux interprétations trouvent ici leur départ. La plus
autoritaire, imposée par le discours aristotélicien, insiste sur la vanité de ces produits autonomes de la femelle, donnant les œufs de Zé-
phyr comme le type même de l'inachèvement
congénital de tout ce que peut fabriquer la femelle, abandonnée à elle-même. Plus froide
que le mâle, incapable de cuire tous les éléments
qu'elle absorbe, elle ne peut émettre qu'une semence imparfaite, sous forme de menstrues ou
de ces œufs dits clairs. Son « sperme » n'est jamais suffisamment cuit, et la femelle est mauvaise cuisinière[29]. Preuve que, par nature, elle
est un mâle mutilé et stérile, marquée inélucta-
blement par le manque[30]. Pour d'autres, au
contraire d'Aristote, le même phénomène dé-
montre clairement que la femelle n'est nullement inférieure au mâle, et qu'elle peut aussi
produire une semence qui n'est pas qualitative-
ment différente de celle des mâles. Le comportement de certains oiseaux dont la femelle, en
l'absence du mâle, se met sous un congénère et
pond ensuite des œufs ne peut s'interpréter
autrement que par le désir d'éjaculer sa semence, comme le fait un homme ayant des rapports sexuels avec un autre. C'est la théorie do-
minante dans la tradition présocratique : pour
Anaxagore comme pour Empédocle ou pour

Diogène d'Apollonie, la femme ou la femelle fournit sa part de sperme ; chacun des géniteurs sécrète un germe tantôt mâle tantôt femelle, si bien que la femme, autant que l'homme, peut produire indifféremment des semences de l'un et de l'autre sexe[31]. Et c'est ici, dans l'axe de la tradition pré-aristotélicienne, que s'inscrit une image du corps féminin où, entre les menstrues, le lait, et la semence, il n'y a plus solution de continuité. La femme n'est pas marquée par l'infériorité « menstruelle » que veut lui assigner, en réservant la semence aux seuls mâles, la vision d'Aristote, qui apparaît comme l'idéologie la plus adéquate à la pratique d'une société où, sevrée de l'activité politique, l'espèce féminine se voit plus ou moins dénier toute forme d'existence dans le domaine public.

Avec sa progéniture, de Jouvence à Typhon, Héra se place à l'antipode de la position théorisée par Aristote. Non seulement elle refuse le partage égalitaire de la semence, mais, en choisissant la laitue, l'épouse légitime de Zeus revendique l'autonomie de la procréation plus radicalement encore que par les autres procès. Elle ne va plus demander la semence au vieux mâle, à Cronos du bout du monde, elle trouve dans le suc laiteux de la plante potagère une semence d'autant plus féconde pour elle que, pour les hommes, le même légume signifie l'impuissance et la mort sexuelle. Et c'est dans le murmure de ces histoires de femmes entre elles qu'il faut sans doute entendre l'interdit étrange, rapporté par Plutarque, selon lequel les femmes ne devraient pas manger le cœur de la laitue, la partie de la plante où le suc se concentre[32].

Du côté d'Héra, l'affaire est claire. Plus que le refus du mâle, silence du désir. Un corps sans jouissance, identifié à la volonté de produire d'autres corps, en occupant seul l'espace de la légitimité. Héra, l'épouse, incorporant le père. Liée par des liens infrangibles au lit conjugal.

2. Un foyer misogyne

Un foyer pour tous potages ? aurait dit Montaigne. Nous voilà bien loin des apartés entre Héra et la verdoyante Flora. Il y a aussi des dieux dans la cuisine, Héraclite a toujours raison. Le foyer en question a statut divin, il porte le nom d'Hestia. C'est elle qui parle le mieux de ce que repoussent si constamment ceux qui mènent le genre de vie orphique : à savoir, la vie en cité, le genre de vie du citoyen, ce qui deviendra un jour « le politique », ou une de ses figures mi-abstraite, mi-concrète ! Car si le foyer par la grâce d'Hestia peut sembler conduire vers une sorte (car il y en a plusieurs) d'« autonomie du politique », ce n'est qu'à travers un ensemble de pratiques. À nous de les prendre en chasse, en choisissant pour cible le partage dans ses limites.

Projet qui peut s'entendre de deux manières dans une vision globale et assurément cavalière sur le monde grec à travers les douze siècles étales, entre les banquets sacrificiels d'Homère et la réflexion de Porphyre sur les manières de manger et de rendre un culte aux dieux de la cité. Deux manières, dont la première, en ses fulgurances, irait au plus aigu de la pratique où les gestes de consommer de la viande et d'offrir un sacrifice sont confondus, s'identifient entièrement avec les formes élémentaires de la socialité. Il s'agirait d'interroger le sacrifice alimentaire et sanglant en épousant le questionnement du philosophe dans la cité, quand Porphyre, au IIIᵉ siècle de notre ère, redécouvre l'injustice et la violence du manger carné, et qu'il entend, sans détruire les lois de la société, réserver à ceux qui philosophent une place qui les tienne à l'écart d'un monde où manger c'est tuer, où nulle frontière ne se peut tracer entre le meurtre et le sacrifice. Et avec les sages, les amants de la Sagesse, convoqués déjà par Théophraste, aller droit vers le dieu de Delphes, monter vers Apollon et les violences meurtrières qui éclaboussent ses autels de sang humain, et jusque dans le sanctuaire où la piété des plus justes incarne la pureté apollinienne. Il suffirait, pour ce faire, dans la trajectoire des analyses de Gregory Nagy, de nous poster à Delphes quand Néoptolème, le fils d'Achille, y est égorgé par un des prêtres d'Apollon, à l'occasion d'un partage de victimes qui se transforme en querelle sanglante, et, de là, gagner les autels et les lieux saints où Apollon, lui encore, requiert le sang du bœuf pour ainsi dire laboureur, s'entoure de compagnons bouchers avec leur grand coutelas, quand ce n'est pas le dieu en personne qui brandit la double hache, la *pelekus*, ou égorge avec la *machaira*, avec le couteau du sacrifice[33]. Toutes figures de nature à révéler la violence mettant fin au partage autant qu'inaugurant la répartition. Limites, en conséquence, qui sont en amont ainsi qu'en aval ; de manière à faire voir la précarité des repas toujours égaux, ou parfois un peu moins, dont les cités grecques racontent la liturgie paisible, de lois sacrées en règlements de sanctuaires, sans discontinuité, dans l'histoire longue et à peine mouvante de la commensalité au sacrifice politique.

L'autre manière d'entendre le partage dans ses limites est de s'établir résolument dans l'enceinte des cités carnivores, au milieu des autels, des tables et des salles de banquet. Donc d'interroger, cette fois, le système sacrificiel dans sa dimension la plus *politique* : au point limite, à la pointe extrême du procès de répartition et de distribution ; quand apparaît, dans le mouvement des régularités distributives et pour en dépasser la répétition usurière, ce qui excède le partage, mais en direction de son horizon politique, dans le prolongement exact de l'idée du communautaire, de ce qui appartient à tous, du *koinon*. Et pour dire mieux, dans le concret des gestes, vers quelle figure abstraite le partage est alors tendu, et pourquoi interroger cette figure-là avec son symbolisme, il faut situer d'abord, à grands traits, le paysage institutionnel au milieu duquel elle surgit[34].

Dans l'arrière-pays de la cité grecque, le groupe social le plus saillant est formé par les *guerriers*, ceux qui ressemblent parfois aux oliviers en fleurs. Liés entre eux par des rapports contractuels, par-delà les liens familiaux et les inscriptions territoriales, façonnés par des techniques d'éducation et par les comportements exigés de ceux qui ont vocation à la mort, ils se reconnaissent à des pratiques fortement institutionnalisées. À le dire schématiquement, entre la société en armes de l'épopée et les premiers citoyens de Sparte, le groupe des guerriers s'affirme comme la société des *Semblables*, des *Homoioi* ; il forme la communauté des Égaux. Et la similitude avec son ombre égalitaire se lit essentiellement dans deux pratiques majeures : partage du butin, partage des nourritures. Le partage du butin est soumis à un modèle spatial, circulaire et centré, et où le point médian a valeur de bien commun, de propriété collective, de ce qui est placé à égale distance de chacun dans une relation d'égalité abstraite[35]. De même que le partage du butin se fait au milieu, la répartition des viandes dans le groupe des guerriers a lieu sur le mode égalitaire dans les banquets égaux, dans la *daïs eïsè*[36] familière à la société homérique. Deux pratiques étroitement solidaires dans un récit où les Dioscures font alliance de guerre avec les Apharétides, Idas et Lyncée. De leur razzia, ils ramènent un grand butin de troupeaux, et pour en faire le partage, l'un des Apharétides choisit un bœuf, le prépare en vue d'un repas sacrificiel, en fait quatre parts — posant comme règle que celui qui mangera la première prendra la première partie du butin, que le second aura la deuxième. Mais déjà, la règle est faussée : le meneur de jeu rafle la première portion, fait main basse sur la seconde et disparaît avec le butin[37]. À la grande indignation des Dioscures qui forment un couple hautement égalitaire et sont d'ailleurs en droit d'espérer qu'à chaque portion, à chaque *moira*, corresponde une part de butin. Le partage égal des viandes de sacrifice — que l'égalité en soit géométrique ou arithmétique — est une donnée fondamentale qui véhicule le modèle isonomique des cités où la commensalité s'impose à travers un système de découpe, en morceaux de taille et de poids égaux[38].

Le devoir-être égalitaire du milieu guerrier trouve dans le manger à parts égales des sacrifices un domaine d'exercice qui en devient le lieu focal pour une série de mots d'ordres, de modèles de pensée, de pratiques sociales et institutionnelles : *isomoiria, isokratia, isonomia,* partage égal des terres, partage égal des droits, et déjà politiques. C'est là, et nulle part ailleurs, que s'invente le projet d'un monde humain où « ceux qui participent à la vie publique le font à titre d'égaux[39] ». Impératif d'égalité avec ses dimensions alimentaires, juridiques et foncières qui régente de manière presque tyrannique la cité — emblème de la similitude en Grèce : la Sparte archaïque des *Homoioi,* la cité des Semblables qui offre, au milieu de son camp retranché, le spectacle d'une commensalité absolue, avec ses repas égaux appelés *syssities,* le manger-ensemble, côte à côte, même assiette, même brouet, uniformément le même, un jour après l'autre. Mais le plus remarquable dans ce mess de militaires à l'échelle d'une cité, c'est que les Spartiates mangent et consomment ensemble les produits apportés par chacun et fournis par son lot de terre. Les contributions mensuelles, en farine d'orge, en viande de porc, en fromages, en figues et en vin, sont mises en commun pour être aussitôt redistribuées, réparties de la manière la plus égalitaire entre tous les membres de la communauté des Semblables[40].

État guerrier hypertrophié où le partage fonctionne à plein régime, sur tous les plans — alimentaire, foncier et politique : une grande machinerie à ciel ouvert et qui s'épuise dans sa vocation redistributive. Sparte offre l'exemple d'une cité habitée par une redistribution permanente où, peut-on dire, le partage est sans fin, finalisé à lui-même. Tandis que d'autres sociétés — et elles sont le plus grand nombre — empruntent la voix du dépassement ; elles élaborent du dedans du tissu sacrificiel une figure abstraite du point central, du milieu commun où s'enracine l'efficacité du partage. Dès lors, dans cette perspective, comment s'opère le procès de transcendance, la réflexion sur soi du principe de partage, et par quel travail symbolique la cité, échappant à la fascination du semblable à l'infini, se ménage-t-elle un espace où se penser elle-même ?

Je l'ai annoncé : un des lieux d'autonomie du politique s'ouvre et s'édifie à l'entour de ce que les Grecs appellent *Hestia*[41]. En tant que nom commun, elle est le feu, feu du foyer, feu de l'autel et qui participe de l'alimentaire et du sacrificiel ; du sacrificiel parce qu'il désigne un lieu de culte fixe, enraciné dans la terre et qui est construction, travail d'architecte. Mais pour que le foyer, pour que l'autel deviennent le Feu Commun, *Hestia Koinè*, il faut que vers lui convergent les valeurs accrues du centre équidistant et du point focal de la répartition. Des pratiques, de nouvelles liturgies, un cérémonial inédit vont énoncer les privilèges d'Hestia.

Il faut d'abord s'arrêter sur une singularité d'Hestia en tant que puissance appartenant au monde des dieux. Le feu personnifié qui est une déesse à l'égal d'Athéna ou d'Héra est comme tenu à l'écart des intrigues de la mythologie. Sa carrière, ignorant l'anecdote, se résume en deux mots : des enfants de Cronos, elle est la première, mais aussi la dernière parce que son père qui l'a avalée en premier la rendra en dernier sous l'effet de la drogue[42]. Et en place du mariage que lui offrent avec empressement Apollon et Poséidon[43], puissances qui méritent d'être appelées ensemble dieux des fondations, *themelioi*[44], Hestia choisit la virginité pleine et inaltérable, l'unicité de soi qui la met à distance du désir de ses prétendants. Désormais, son lot sera de prendre possession des graisses offertes à l'*hestia,* au foyer planté au centre de la demeure, et, par le même privilège, de recevoir un culte dans les temples de tous les dieux, partout où brûle un feu sacrificiel[45] : pour elle, la première libation et la dernière aussi[46]. Informations dessinant à la pointe sèche une Hestia en voie d'abstraction. Déjà, dans les *Hymnes homériques* — les premiers textes à rompre le silence qui l'entoure chez Hésiode ou dans l'épopée —, elle est l'idée, la forme pure de ce qui enferme en soi la fin et le commencement, connaissant l'ubiquité à travers un centre fixe et ordonnant à l'entour d'elle l'espace entier. Sur cette figure à moitié géométrique, la *Clé des songes* d'Artémidore[47] impose les formules d'un symbolisme si explicitement partagé que la part onirique en est confirmée par un ensemble de références textuelles et épigraphiques, tout au long de l'histoire monographique d'Hestia. Voir Hestia, la voir en elle-même et dans ses statues, dans ses *agalmata,* cela signifie pour ceux qui participent aux affaires publiques, pour les *politeuomenoi,* le Conseil de la Cité, la *Boulè,* ainsi que le lieu de dépôt des revenus, le Trésor public. Pour les particuliers, pour les *idiôtai,* Hestia est le fait même de vivre, la vie en soi. Tandis que pour le roi, *basileus,* et pour le gouvernant, *archôn,* elle est la puissance, la *dynamis* de son pouvoir, de son *archè.* Le symbolisme court entre la vie individuelle de chaque feu singulier et la puissance collective et publique incarnée par Hestia, à travers ses trois hypostases de l'unicité : le Conseil de la Cité, le Trésor public et le pouvoir de commander en soi. L'Hestia politique que sa puissance relie à la vie de chacun édifie autour d'elle l'espace de son autonomie, matérialisé par le prytanée, la demeure des magistrats exerçant le pouvoir, mais aussi par son autel et par ses vertus spécifiques[48]. Les « premières » démocraties grecques[49] s'instituent sous le signe d'Hestia. À Chios, sur la stèle que l'on date entre 575 et 550 avant notre ère, et où est gravée une des premières lois promulguée par le *démos* avec conseil de toute la communauté et un seul démarque, Hestia, en tant que puissance du Foyer de la cité, est invoquée au début de l'inscription[50]. C'est elle aussi qui inspire les premières tentatives du VIe siècle de mettre le pouvoir « au milieu » : ainsi, c'est dans le Prytanée d'Athènes où se dresse l'autel d'Hestia que les lois de Solon sont affichées et publiées, avec leur double registre, lois civiles et lois sacrées, les règlements de sacrifices à côté des premières législations politiques[51].

Traditionnellement, Hestia a sa demeure dans le Prytanée où résident les archontes, où la cité tient table ouverte pour les étrangers et certains des siens, où peut-être étaient rendues certaines formes de justice[52]. Plusieurs informations donnent à penser que les magistratures importantes s'ouvraient et se fermaient par un sacrifice à Hestia comme le fait, à Milet, le chef du Collège des Chantres, ces *Molpoi* rassemblés autour d'Apollon Delphinien dans le sanctuaire où s'exerce le contrôle de la vie politique, confié à l'Arbitre, l'*Aisymnète* éponyme depuis 525 avant notre ère[53]. Fonctions d'ouverture et de clôture qu'Hestia exerce plus d'une fois en compagnie d'Hermès et d'Aphrodite[54] dont le couple, à l'honneur dans les dédicaces des magistrats sortants[55], semble articuler pour son compte les valeurs complémentaires de l'espace ouvert et fermé, reconnues par Jean-Pierre Vernant dans la complicité d'Hermès et d'Hestia.

À côté des sacrifices ponctuels qui disent sa nature prytanique comme à Ténedos, dans la onzième *Néméenne* de Pindare[56], le Feu politique préside à la commensalité sacrificielle sous la forme d'une quasi-liturgie offerte par Hestia à ceux qui tirent de son autel la puissance de leur commandement : durant le temps de la prytanie, les magistrats réunis en collège partagent chaque jour, comme dit Démosthène[57], le sel, les libations, et la table commune. Sacrifices communs où la cité, à travers Hestia, nourrit ceux qui ont la charge du pouvoir au nom des autres[58], mais aussi table publique où la commensalité obligée de quelques-uns vient se substituer à ces repas collectifs et permanents de tous les citoyens quand ils sont nés Spartiates.

Désormais, le manger-ensemble connaît la délégation, et ses contraintes, formulées par une loi de Solon faisant obligation à chacun de manger une fois par mois dans un local public, d'être commensal, de *parasiteîn*[59], d'accomplir au service de la cité la fonction que remplissent les « parasites » rituels, actifs en de nombreux sanctuaires d'Apollon, d'Héraclès, d'Athéna et d'Héra où ils sont appelés tantôt hiérophages, tantôt parèdres ou symbiotes[60]. Avec Hestia et dans son espace découpé au centre de la cité, la commensalité fonctionne comme une pratique du manger à parts égales ; elle est un exercice d'isonomie, un devoir politique accompli sous les yeux de tous par ceux qui, à tour de rôle, sont investis du pouvoir et de l'autorité. Avec le Prytanée, la table prolonge l'autel où Hestia affirme sa compétence sur les sacrifices communs et publics, les *thusiai koinai* dont nous apprenons par la *Politique* d'Aristote qu'ils recouvrent l'ensemble de ceux que la loi n'attribue pas aux prêtres, mais réserve aux magistrats qui tirent leur *timé*, autorité et honneur, du Foyer commun, de la puissance d'Hestia[61]. Les magistrats présidant aux sacrifices publics à travers lesquels la cité affirme son identité sont les Prytanes, les Archontes et les Rois ou Archontes-Rois, ceux-là mêmes pour qui rêver d'Hestia signifie contempler face à face la puissance du pouvoir. Rêve pour citoyen[62] à qui est déjà familière une idée abstraite de la cité en son principe.

Plus précisément, comment se gagne l'autonomie d'Hestia ? Par quel procès le Feu Commun est-il investi de l'idéalité, d'une idéalité de la cité ? La référence aristotélicienne aux sacrifices communs ne fait qu'expliciter l'identité fondamentale de l'Hestia politique et du feu sacrificiel. Et c'est par la voie de rituels et de procédures de sacrifices que se révèle la manière dont s'institue la souveraineté du Feu de tous les citoyens. En premier lieu, là où s'enregistre une réflexion sur l'idée même de sacrifier à Hestia : dans la tradition proverbiale des *Paroemiographi graeci*. Offrir un sacrifice à Hestia, cela veut dire manger dans la même corbeille, dans le même *kanoûn,* banqueter ensemble à foison, car on doit tout manger, et ne rien emporter de ce qui s'y consomme[63]. En même temps, sacrifier à Hestia évoque le manger secret, la monophagie à la limite de l'avarice, avec, au moins, l'image de quelqu'un qui ne donne pas facilement[64]. Hestia, on le sait, est un feu actif, toujours en appétit ; jamais, il ne doit manquer d'aliment. Ainsi, lorsque Callimaque raconte la faim dévorante d'Erysichthon, maudit par Déméter, quand déjà, ayant vidé les étables, l'affamé a dévoré les mulets dételés du grand char, son dernier repas de viande encore honnête est la vache que sa digne mère garde en secret pour Hestia[65], avant que ne vienne le tour du cheval de course et du cheval de bataille, et puis de la chatte qui faisait peur aux souris. Autour de ce feu, le cercle des comangeurs se ferme sur lui-même ; et Hestia, sur son autel et pour ses convives, tient fermement les deux bouts du sacrifice, exerçant de façon exemplaire son privilège du début et de la fin (elle est *prôtè* et *pumatè*)[66]. Les deux extrêmes dans le temps et dans l'espace dessinent le cercle clos d'un sacrifice ramassé sur soi, comme un rituel d'autarcie, destiné à faire croître les vertus de la centralité, autour d'une puissance du feu qui exalte si vivement en elle-même l'identité du cercle des commensaux.

À côté de ce degré zéro du sacrifice qui en est peut-être la forme épurée, deux rituels, en particulier, permettent d'interroger les rôles d'Hestia et son symbolisme politique : l'un dans la cité de Côs, l'autre à Naucratis, la cité grecque implantée en Égypte dans la région du Delta. À Côs, d'abord, où dans la complexité d'une cérémonie annuelle, réglementée par une loi sacrée du IVe siècle avant notre ère[67], Hestia fait couple avec Zeus, un Zeus de la cité, dieu nommé *Polieus* alors qu'elle est elle-même la puissance de tous les *Hetairoi*, l'*Hestia Hétaireia*[68], l'Hestia des compagnies qui renverraient à la structure militaire d'une société organisée en trois tribus et en neuf Milliers ou groupes de mille[69]. Rituel exemplaire dans l'énoncé des figures de partage, la fête politique de Zeus *Polieus* permet également de définir la puissance d'Hestia confrontée à un dieu qui est en même temps que le premier des Douze une divinité de la cité en soi. Entre le Zeus *Polieus* et Hestia, une série de différences se marque sur un horizon commun qui est l'espace même de la cité et de son centre politique : l'agora, la place publique et cette « maison commune » où le prêtre de Zeus passera la nuit avant de sacrifier la victime enfin choisie[70]. L'espace public que se partagent Hestia et son complice est traversé par un double mouvement : l'un centripète quand l'on voit confluer vers le centre, vers l'autel d'Hestia, par victimes interposées, les unités distinctes, les composantes singulières du corps social[71]. À quoi répond, comme un ressac, le procès de partage et de distribution de la victime, une seule, sacrifiée et découpée sous le signe du Zeus de la cité. Hestia quant à elle préside aux mélanges, à la coalescence des éléments séparés, à ce qui pourrait s'appeler, en évoquant le modèle cosmologique d'Anaxagore, une *panspermie*, du nom de l'offrande rituelle de toutes les espèces de graines confondues par la cuisson du feu[72]. Plus précisément, lorsque parmi les bovins processionnaires, un seul est finalement élu, c'est autour d'Hestia que s'achève le procès unitaire : dans le cérémonial de la mise en vente où la victime, pour appartenir pleinement à la cité entière, doit être achetée par tous les citoyens de Côs et son prix acquitté, non pas au Zeus de la cité, mais à Hestia, à celle qui affirme ainsi le plus fortement l'unité des membres du corps social[73]. Ensuite, seulement, il appartiendra au prêtre de Zeus qui se tient à distance d'Hestia d'officier avec ses acolytes entre la maison commune et l'autel du *Polieus*[74].

D'autres marques différentielles viennent se loger dans la distance ouverte par le mode d'intervention d'Hestia : le sacrifice qui lui est offert précède celui qui est réservé au *Polieus*[75] ; et la victime d'Hestia, au lieu d'être choisie par un jury, se désigne elle-même et d'un coup, en l'occurrence, par la tête *baissée*[76] ; enfin, l'autel d'Hestia est desservi par le premier des magistrats chargé des sacrifices publics, et non par un prêtre[77]. Peut-être faut-il chercher dans l'histoire de Côs la plus contemporaine de ce rituel les raisons d'élaborer, au niveau du symbolisme politique, une hiérarchie ascendante qui mène de Zeus *Polieus* en Hestia. Car c'est au milieu du IVe siècle qu'est fondée au terme d'une période de troubles la nouvelle cité de Côs rassemblant tous les habitants de l'île[78].

Il y a dans le rituel de Côs une manière de formuler l'idée la plus abstraite de la cité en soi, sans déposséder Hestia de ses vertus de puissance religieuse. L'abstraction procède, sur ce terrain, par la notion de valeur, *timè*, la valeur en économie monétaire. Hestia apparaît à Côs dans la fonction de « trésorière[79] » et sous l'une des figures signifiantes enregistrées dans la *Clé des songes* d'Artémidore : pour ceux qui participent aux affaires publiques, Hestia veut dire « la rentrée des revenus », « le dépôt des richesses communes[80] ». C'est la notion de Trésor d'État, évoquée par le geste symbolique de

la valeur déposée aux pieds d'Hestia qui place
ainsi le Foyer Commun un degré au-dessus de
l'idée de cité véhiculée par Zeus *Polieus.*

Dans l'ordre des richesses, le Trésor public
semble jouer le même rôle que le Prytanée sur
le plan des nourritures. Et l'enquête ouverte en
1947 par Kurt Latte sur les formes de propriété
collective en Grèce[81] a montré, d'une part,
l'importance des mécanismes de redistribution
de la richesse commune ; de l'autre, combien
lentement s'est imposée l'exigence de fonds
publics, radicalement coupés des biens possédés par chacun des citoyens. Dans plusieurs cités de Crète, le produit des amendes ou de certaines taxes est régulièrement partagé entre
tous[82] ; et les revenus des richesses minières,
parce que la cité possède naturellement le sous-
sol, sont redistribués entre tous les citoyens.
C'est ainsi que l'on faisait à Siphnos[83], mais que
l'on ne fera plus à Athènes, à partir de Thémistocle qui, en 483, met un terme à la distribution
d'usage et oriente les ressources vers la construction d'une flotte[84]. Tandis qu'à Sparte, la richesse privée continuera à se confondre avec la
richesse publique. Thucydide en fera faire le
constat par un des rois, au début de la guerre
du Péloponnèse[85]. Chez les Spartiates, voués à
la commensalité absolue, la même pratique de
la redistribution permanente peut expliquer
également l'inexistence de Trésor public et l'ab-

sence de Prytanée[86]. Et, dans le même temps, rendre compte que la seule trace d'Hestia sur le territoire de Sparte se lise dans l'étroit sanctuaire des Destinées, des *Moirai*[87], sanctuaire accueillant en son enceinte le Zeus et l'Athéna de l'hospitalité, puissances confinées comme la déesse du Foyer dans ce lieu saint et si peu public où les exilent à la fois la double royauté avec son privilège d'accomplir l'ensemble des sacrifices publics[88] et, plus profondément, le refus de Sparte de transcender son modèle redistributif.

Plus nettement encore que dans la cité de Côs, les traditions de Naucratis[89] racontent l'autonomie d'Hestia. Qui se gagne autant dans le rituel sacrificiel et dans les alliances conclues en son Prytanée que dans la concurrence inventive où l'entraînent d'autres puissances de nature politique. À Naucratis, où les fouilles anglaises ont daté la présence des Grecs au cours des années 615-610, un Pharaon philhellène, nommé Amasis, concéda aux Grecs pour y habiter la ville de Naucratis, et à ceux qui ne souhaitaient pas y résider mais que la navigation y amenait pour un temps, il offrit des emplacements pour y élever des autels et des sanctuaires à leurs dieux. Double projet d'aménagement et de fondations[90] : ceux qui se livrent entièrement au commerce avec l'Égypte et ses voisins édifient des temples et des autels sur

une concession où les archéologues ont retrouvé plusieurs sanctuaires, d'Aphrodite, de la
Samienne Héra et d'Apollon le Milésien, avec,
en outre, un sanctuaire aux dieux de la Grèce,
« aux dieux hellènes[91] ». À quelque distance de
là, dans la nouvelle cité grecque de Naucratis,
et sans doute sur l'agora, Hestia règne sur un
Prytanée dont elle est elle-même la Prytane. Et
c'est à l'érudition d'un mythographe ritualiste,
rédigeant un traité sur l'Apollon de Gryneion,
que nous devons d'avoir connaissance du récit
des fêtes célébrées à Naucratis ainsi que d'un
portrait de l'Hestia *Prytanitis*[92].

Son anniversaire d'abord. Des trois fêtes recensées, la première honore le jour de la naissance d'Hestia. Et le soin qu'elle met à s'appeler Hestia du Prytanée, ajouté à l'insignifiance
de sa mythologie personnelle, indique avec
vraisemblance que son anniversaire est celui de
la cité, autrement dit de la fondation du Prytanée. Deuxième aspect : la règle des banquets.
Elle est stricte. On y doit consommer un menu
immuable, et il est formellement interdit d'amener d'autres nourritures de l'extérieur. Certes,
la carte est bien fournie. Mais la plénitude alimentaire se veut circulaire et fermée dans la
célébration ainsi qu'il convient à la puissance
pour laquelle sacrifier signifie tout manger et
ne rien emporter. Ce sont les deux faces de la
même Hestia du banquet : ne rien apporter du

dehors, ne rien emmener à l'extérieur. Troisième dimension : dans le Prytanée de Naucratis, où l'on se rend en vêtements blancs, où l'habit de Prytanée, comme disent les indigènes, est de rigueur, deux autres puissances divines ont leurs entrées. Et ce privilège est sanctionné par l'honneur réservé aux prêtres de chacune. Dionysos y est fêté à l'occasion des Dionysies. Mais aussi Apollon, pour sa panégyrie : Apollon *Kômaios*, c'est-à-dire l'Apollon du banquet, du *kômos*[93] qui est aussi à Naucratis un Apollon Pythien. Car c'est à Delphes tout particulièrement que ces divinités ont des relations intimes. D'ailleurs la symbiose entre Dionysos et Apollon au banquet s'affiche dans le traitement de faveur que connaissent leurs prêtres respectifs : double ration de vin, et double part du reste. En accueillant dans sa demeure le couple formé par un Apollon dionysiaque et par un Dionysos si proche d'Apollon, Hestia, née « prytanide », innove à coup sûr, et avec l'audacieuse liberté que semblent lui offrir Naucratis la neuve et l'espace politique du Prytanée.

L'autonomie d'Hestia dans sa volonté d'être la cité idéelle se renforce d'un interdit insolite : aucune femme ne peut entrer dans le Prytanée, sauf, il est vrai, les joueuses de « double flûte », indispensables aux fêtes de Dionysos et de l'Apollon du banquet. Et l'exclusion du féminin, lancée par une puissance qui déjà ne cache pas sa préférence pour un personnel masculin de haute magistrature[94], vient accentuer la distance entre le Feu public que les flammes de l'autel suffisent à figurer[95] et la divinité au corps de femme qui, elle, réside au cœur de la maison, sous la double apparence de la vierge et de la vieille femme[96]. Pour être plus sûrement politique, Hestia, née magistrat de la cité, semble vouloir dénier toute collusion avec le monde féminin. Si Naucratis connaît le radicalisme d'un centre où Hestia se dépasse elle-même, c'est peut-être parce que s'y trouvent réunies les conditions d'expérimentation conduisant, pour la première fois, une douzaine de cités à créer là-bas, vers 610, un vaste sanctuaire appelé *Hellénion* et ouvert « aux dieux des Grecs », à ces puissances divines que les Grecs disent avoir en commun quand ils se pensent ensemble, au-delà de chaque cité individuelle, au-delà des panthéons idiosyncrasiques[97].

Un bouton de misogynie ne fait pas le printemps. Mais pour éviter un possible malentendu dès qu'il est question du « sexe » de la mythologie, je souhaite noter que les prêtresses de type « poliade », qu'il s'agisse d'Héra, d'Athéna ou d'Artémis, parce qu'elles exercent des magistratures à part entière, ont parfaitement le droit de s'asseoir à la table du Foyer Public. Ne sont-elles pas des « citoyennes » comme les autres ?

3. Les Danaïdes entre elles.
Une violence fondatrice de mariage

Encore une affaire de famille[98]. Une bande de cousins commence par bousculer des cousines. Injures, coups, violence, et le drame est là. Grâce à la vigilance de l'archéologue Ludwig Curtius qui a recueilli un fragment de vase brisé[99], nous surprenons un homme nu, couché sur un lit, et, debout, l'épée à la main, une femme, visiblement l'une des filles de Danaos, au moment où elle commet le crime inoubliable. Aussi terrible pour la mémoire grecque que celui des Lemniennes, noyant dans le sang le genre masculin sans exception. Plus atroce encore si l'on se souvient que les filles de Danaos, le soir même des noces, égorgent sans pitié aucune leurs jeunes maris en un premier sommeil. Il n'est pas surprenant qu'une chronique aussi noire, qu'une histoire à ce point scandaleuse ait vivement affecté les interprètes modernes, rendus fort attentifs par leurs propres histoires de famille à d'anciens conflits, naguère encore abandonnés à des proverbes désuets comme le fameux tonneau.

Certes, l'affaire des Danaïdes est un drame de la violence entre consanguins. Mais cette violence, réciproque et qui fait s'affronter mâles et femelles, se déploie autour d'un enjeu essentiel : le pouvoir, à travers le double sens de *kratos* — force et autorité —, et sur le terrain décisif pour l'ordre civilisateur d'Argos, de la conjugalité souveraine imposée dans ce territoire par Héra l'Argienne, déesse poliade et qui sait mieux que personne les droits du lit matrimonial. Donc un récit — disons-le d'emblée — qui se noue autour de l'invention du mariage, de l'institution d'une manière nouvelle, pour les deux races antagonistes, de vivre ensemble, de partager le même lit, sans violence et chacune respectant le droit de l'autre. Et pareille histoire n'est pas commune dans la tradition mémoriale des Grecs. Où se racontent, certes, un grand nombre de récits, qui se répondent d'une cité à l'autre, sur l'apparition de la première femme ou du premier mortel, sur l'émergence de la vie cultivée ou d'une société humaine au sortir d'une longue connivence avec les dieux ou bien d'un état, plus ou moins paradisiaque, de pure animalité. De même qu'il y a des histoires, dans chaque cité et dans tout village, sur les Fils de la Terre ou sur la première Autochtone, la Chalcis d'Eubée ou la Mélia de Thèbes, toute une série de dits et d'on-dit prolifèrent autour du premier sacrifice, du sang versé accidentellement, des ressemblances troublantes entre un meurtre et la mort d'une victime, et de ce qu'il convient de manger ou non quand on appartient à l'espèce humaine. Étrangement, il y a comme un silence autour de la reproduction sexuée, de la conjugalité, de l'union monogamique ; un silence qui semble coïncider avec un vide institutionnel à la mesure de l'absence d'un mot dans la langue grecque pour désigner l'union de l'homme et de la femme. État d'anonymat, observé, déjà, par Aristote dans la *Politique* : qu'il n'y a ni forme juridique unitaire ni institution matrimoniale[100]. Et c'est dans ce silence que grandit la rumeur d'une histoire de violence, survenue en Argolide mais reçue partout en pays grec. Cinquante filles poursuivies, violentées par cinquante garçons qui veulent les posséder de force. Histoire contée au VIIe siècle, déployée dans une épopée, la *Danaïs*, et à mettre au nombre de celles que les Grecs ne cessent de redire et qui obtiennent l'accord de tous. De la mythologie donc, au sens indigène, ainsi que l'entend le Platon des *Lois*[101]. Et chacun connaît en Grèce l'enchaînement de violences dans la guerre que se livrent masculin et féminin en terre argienne[102].

L'histoire des Danaïdes raconte une guerre de sang qui grandit dans une société de sang, entre consanguins de sexe antagoniste. Et comme horizon, l'espace d'un premier contrat social à fonder sur le mode de la relation conjugale, mais à grand renfort de gestes rituels, de pratiques cultuelles garantissant des conduites, avec la caution continue de puissances divines convoquées afin de combler l'intervalle entre la haine ouverte et l'alliance nécessaire.

L'intrigue se raconte autour d'un paradoxe. Agressées, les filles de Danaos égorgent les mâles à la première occasion ; le soir des noces, dans la chambre nuptiale. Mais les mêmes Danaïdes, éclaboussées du sang d'un meurtre abominable, s'instituent, à Argos même, prêtresses d'Héra, de la puissance divine souveraine du lieu, Héra qui a pouvoir sur le lit conjugal, sur l'union légitime, et qui régente le contrat liant l'époux et l'épouse. Et, chaque année, pour le service de la déesse, les Danaïdes sanglantes, devenues sources d'eau vive, accomplissent au nom des femmes argiennes les gestes de l'eau portée, de la décence et du voile tissé[103] sans lesquels il n'est pas d'accomplissement, pas d'achèvement de l'être féminin, ni de pacte matrimonial, d'alliance consacrée entre mâle et femelle. L'étrangeté des filles de Danaos est qu'elles versent l'eau pure en même temps qu'elles répandent le sang ; qu'elles portent le fer et le meurtre au cœur de la maison mais apparaissent également comme les initiatrices de la Déméter du mariage, enseignant aux femmes le rituel des Thesmophories, la fête très « politique » des épouses légitimes, des Eugénies assemblées quand, trois jours entiers, la gent féminine, à huis clos, forme une cité au-dedans

de la cité. Comment la violence, et la plus sanglante, en retour du viol subi, peut-elle autori-
ser et inaugurer le cérémonial du contrat qui
lie l'un à l'autre les deux sexes adverses ? Comment les mêmes filles de Danaos, marquées par
l'horreur d'un crime sans égal, consommé dans
la chambre nuptiale, peuvent-elles apparaître,
dans la tradition familière aux auditeurs d'Hérodote, comme les femmes d'Égypte qui ont introduit en Grèce, pour en instruire les épouses
des Pélasges, les cérémonies initiatiques *(téletè)*
de Déméter et de ses Thesmophories saintes[104] ?
Cette double orientation du destin des Danaïdes, l'interprétation ne peut en éluder
l'énigme ni en récuser la contrainte.

Entre les filles de Danaos et les prétendants
lancés à leur poursuite, c'est la guerre, mais
nullement l'affrontement réglé et courtois, opposant des groupes rivaux en un combat fictif
où les antagonistes se réconcilient après coup
dans l'oubli de la fête et dans la joie des banquets. La guerre entre mâles et femelles est habitée par le désir et par la peur ; elle est possé-
dée par la haine et conduite par l'instinct de
mort. Du côté des prétendants, tout parle de
démesure : ils se conduisent en brutes insolen-
tes ; dévorants de fureur impie, comme chiens
impudents, ils sont sourds à la voix des dieux ;
leurs gestes sont de bêtes luxurieuses et sacrilèges ; rapaces, prédateurs, chasseurs de femmes,

ils fondent sur leurs proies, semblables à un vol de milans, ces oiseaux voleurs et cruels qui ont l'audace extrême de manger chair d'oiseau. Des mâles veulent saisir les Danaïdes, malgré elles et contre la volonté d'un père ; et ces femmes qui entendent être libres de joug, leurs poursuivants les traitent en esclaves dont ils se disent les maîtres, faisant état de leur droit de saisie, annonçant qu'ils vont marquer au fer rouge les corps qui leur appartiennent, hurlant qu'ils ont pouvoir de faire jaillir le sang des têtes coupées[105]. Le mariage qui éveille dans les Danaïdes une si profonde horreur se révèle à travers le récit argien une guerre sans mesure, menée par le désir sexuel jusqu'à la destruction de son objet, et où le droit des mâles s'exerce par la violence nue, celle du prédateur sur sa proie et du maître sur l'esclave. Pure violence faite au corps par la force du corps, et rendue plus extrême et comme insupportable par la proximité même des partenaires qui sont entre eux des cousins parallèles, et donc des frères de sang : consanguins qui font couler leur propre sang[106].

Mais la violence qui envahit le domaine conjugal, si excessive qu'elle paraisse, ne lui est pas complètement étrangère. Et d'abord, dans la contrainte qui est faite à la fille de connaître le mariage, de ne trouver à s'accomplir que dans l'état matrimonial : il lui faut être épousée, et, très exactement, au sens passif qui est une donnée linguistique. Le mariage est de rigueur, impossible à fuir. Mais il y a davantage qui se lit dans les gestes de celui qui prend et de celle qui est emmenée, de la manière la plus correcte, juridiquement et rituellement, en tout mariage qui est, en Grèce, patrilocal et passage d'une maison à l'autre. En sa version piétiste, le rituel prescrit de ne jamais poursuivre l'épouse ni de la traiter comme une proie ou comme une esclave, mais, au contraire, d'avoir à son égard le respect que mérite la suppliante, placée sous la protection du Foyer, et de la mener par la main jusqu'en sa nouvelle demeure[107]. Si prévenant, si respectueux que soit le geste, il est marqué par le pouvoir de prendre, de saisir et, dans le même mouvement, de dévoiler l'épousée, de lui ôter publiquement le voile qui la qualifie comme vierge épousable[108]. Il y a là une Violence qui semble inséparable de la Nécessité du mariage. Et ces deux puissances divines sont apparentées dans un sanctuaire où nul, en effet, ne peut pénétrer : au sommet de Corinthe, près des autels du Soleil, Violence *(Bia)* règne en sœur de Nécessité *(Anangkè)*[109]. Dans la forme d'autorité la plus légitime, il y a, pour la pensée grecque, une part de force brutale qui porte la mémoire — et ses métaphores vives du joug et de l'aiguillon — des modes d'action du pasteur, du conducteur de troupeau[110].

Il y a davantage. Au cours du combat que se livrent les Danaïdes et leurs cousins, la race des femmes affirme sa propre violence guerrière face à la race des mâles. Dans l'épopée qui porte leur nom, les filles de Danaos saisissent leurs armes et s'apprêtent à livrer bataille contre les fils d'Égyptos[111]. Et quand elles surgissent sur la terre d'Argos, les Danaïdes ont l'apparence étrange de femmes à la peau brûlée par le soleil et par les courses dans le vent : elles semblent des Amazones[112], des femmes qui se plaisent à la guerre et aiment à forcer le gibier dans des paysages exotiques : montées sur des chars, au milieu de forêts emplies de senteurs aromatiques[113]. Et nul ne sait si elles sont filles ou garçons, parées de la même beauté trouble que la chasseresse Atalante, la fille qui s'en est allée par horreur de l'époux se perdre dans les montagnes, et qui joue à couper les têtes des prétendants vaincus à la course et traqués comme bêtes affolées. De cette vocation guerrière des filles de Danaos, la tradition argienne se porte garante. D'une part, en proclamant la vertu de la guerre dans la fête politique d'Héra, avec le bouclier offert au vainqueur de la course devant la cité assemblée. Mais aussi en rappelant, à l'occasion du Jour de la Démesure (*Hybristika*), que les femmes d'Argos doivent revêtir des habits masculins parce qu'elles ont, comme les Danaïdes naguère, pris les armes pour défendre la cité contre la menace de Sparte[114]. Les Danaïdes martiales qui s'en iront jeter dans les eaux de Lerne les têtes coupées de mâles insolents, on peut les évoquer jusque dans l'usage, hautement folklorique, de la barbe postiche que se mettent au menton, le soir de leurs noces, les jeunes épousées d'Argos, mais pour n'être en rien inférieures aux hommes dont elles partagent le lit, cette fois dans un espace matrimonial entièrement aménagé par la violence déjà légitimée des filles de Danaos[115].

La violence réciproque qui est à la fois une guerre entre consanguins et une lutte à mort entre la race des mâles et la race des femmes prend pour visée le mariage, en amont et en aval. C'est le seul mode de rapport social qui se raconte autour des Danaïdes et de la fondation d'une cité en un temps de recommencement. Car les filles de Danaos, ainsi que le raconte la tradition mythologique depuis Hésiode jusqu'à Apollodore, ne pénètrent pas dans le territoire de la cité argienne mis en scène par Eschyle, dans les *Suppliantes,* avec ses murailles, son roi et le bruissement d'une assemblée de citoyens dont les décrets sont décisoires. L'Argolide que découvrent les Danaïdes, en débarquant à hauteur de Lerne, non loin d'un sanctuaire de Poséidon[116], est une terre entièrement livrée à la sécheresse, privée de toutes ses ressources en eau. Un pays transformé en désert, offrant un paysage d'autant plus saisissant que les récits en disent les commencements aux temps humides où régnaient les dieux-fleuves : Inachos, Astérion, Céphise. Puissances par lesquelles la terre d'Argos est gratifiée d'une ascendance océanienne et soumise en son premier âge à l'autorité du vieil Océan, père des dieux et principe originel de tous les êtres, « d'où sortent tous les fleuves, d'où naît la mer entière, et toutes les sources et les puits profonds », eaux douces et salées autant qu'apparentes et souterraines[117].

L'histoire d'Argos s'accomplit sous le signe de l'eau. Et les Danaïdes le confirment par leur action dont une formule d'Hésiode dit l'essentiel : « Argos n'a plus d'eau, elles lui en donnent[118] ». Mais entre l'eau disparue et l'eau retrouvée qui place les filles de Danaos au centre de cette histoire, la tradition, entrée dans l'écrit à la fin du VIᵉ siècle, fait intervenir d'autres acteurs, et d'importance : des dieux plus jeunes, des Olympiens comme Héra et Poséidon, et aussi un Premier Homme, Phoroneus. Lequel semble ouvrir un autre cheminement qui va en direction du feu, de sa vertu civilisatrice, et vers l'émergence d'une société où s'ébauche comme une première cité. Le plus singulier et qui mérite analyse, c'est que Phoroneus porte en lui l'échec et l'impuissance de commencements si prometteurs d'où l'Argolide aurait reçu un tout autre destin. Par sa postérité et par son ascendance, Phoroneus, déjà, impose un personnage ambivalent. Né d'Inachos et de Mélia, une Dame du Frêne, appartenant à la même race d'Océan[119], Phoroneus est appelé « Père des mortels[120] » et son tombeau avec des sacrifices annuels témoigne de la part qu'il prend à la condition humaine[121]. Cependant, une partie de sa descendance, par ses petites-filles, fait surgir des vivants « à la longue vie » : Nymphes des montagnes, déesses par le rang ; l'engeance couarde des Satyres vauriens ; et encore les Courètes, bons danseurs, et prompts à se divertir, également de rang divin[122]. Mais c'est par le feu et ses prestiges que Phoroneus est entré en mythologie : comme un concurrent du porte-feu le plus fameux parmi les Grecs. À Pausanias, visitant le sanctuaire d'Apollon *Lykios*, fondé par Danaos, les gens d'Argos le répètent encore : l'inventeur du feu n'est pas Prométhée, c'est Phoroneus[123]. Et la preuve donnée à Argos, c'est que le feu, le premier feu de l'humanité, est tombé là-bas, du haut du ciel[124]. Car ce n'est pas un feu dérobé, enlevé comme l'autre par ruse et par tromperie à la demeure des dieux olympiens ; ni davantage un feu technique, donné avec les moyens de le produire et de répéter les mêmes gestes.

Si Phoroneus découvre le feu d'origine céleste, c'est par droit de naissance et en apanage du côté de sa mère, née Mélia et Dame du

Frêne. Appartenant ainsi à la compagnie des Nymphes des grands arbres, de ceux qui portent en leur sommet le feu du ciel[125], la foudre éclatante que Zeus, raconte la *Théogonie*, donnait naguère aux hommes « au moyen des frênes », avant que, dans une autre histoire, assurément, la duperie ne vienne suspendre l'élan infatigable de ce feu du ciel[126]. Et la même ascendance mélienne fait naître en Phoroneus une vocation à la paternité des hommes. Car le frêne, en plusieurs traditions, porte l'espèce humaine comme un fruit : tantôt l'humanité fragile des commencements[127] ; tantôt la race puissante des Hommes de Bronze, nés des Méliennes, armés du « frêne meurtrier », de la javeline de bois dur qui leur offre un double sans ombre[128].

Disposant du feu en pleine légitimité, Phoroneus est investi des pouvoirs complémentaires de la puissance ignée : fabriquer des armes pour Héra[129], lui adresser le premier hommage cultuel[130], exercer la souveraineté initiale sur la terre d'Argos[131]. Autant d'inventions, emboîtées les unes dans les autres, et qui découlent de l'apparition du feu lequel est, pour ainsi dire, l'attribut naturel de Phoroneus. À aucun moment, le premier homme ne s'affirme forgeron, ni quelqu'un de ces inventeurs inquiétants d'armes de guerre et de mort. Pas plus que son feu mélien n'inaugure avec le cérémonial du sacrifice une rupture d'avec le monde des dieux qui permettrait à l'espèce humaine d'affirmer une identité chétive. Le feu de Phoroneus secrète le sacrificiel comme il produit spontanément la panoplie guerrière. Mais cette royauté, si éphémère qu'elle soit, se livre dans ses rêves à des gestes plus fondateurs : elle édifie une ville, elle fait ouvrir un tribunal. Et Phoroneus, dit-on encore, rassemble les hommes jusqu'alors dispersés. Car, alors, chacun vivait pour soi, nomade et ignorant du social jusqu'au moment où un espace commun prend forme, se voit délimité, et qu'apparaît en ce lieu de rassemblement la « ville phoronienne », fermée sur un simple lieu-dit[132]. Tandis que dans cet habitat urbain, à peine dessiné et figure inchoative d'une cité, Phoroneus s'empresse de mettre en place un tribunal dont nous savons seulement qu'il devait juger les « gens de sa race[133] ».

Le tribunal du sang n'a jamais siégé, car un autre, déjà, se réunit d'urgence à la requête des dieux en colère. Le temps est venu où les Olympiens éprouvent le désir de prendre possession des cités et des territoires afin que chacun y reçoive les honneurs souverains réservés à la puissance poliade. Et la terre d'Argos convoitée par Héra, Poséidon la revendique en apanage. Il est donc demandé aux dieux-fleuves, et à eux seuls, de trancher entre les prétentions rivales, de décider à qui appartient désormais l'Argolide[134]. Et la décision doit venir de ceux qui, depuis toujours, sont les puissances tutélaires d'Argos. Sans que Phoroneus soit évoqué ni qu'il songe à se manifester en pareille affaire. Inachos et ses deux assesseurs prendront le risque, très sérieux pour des dieux-fleuves, de provoquer la colère de Poséidon en l'écartant de la souveraineté sur leur territoire au profit d'Héra, qui semble pourtant plus étrangère à ces puissances fluviales des origines. Devant ce choix « progressiste », le maître des eaux vives et des sources jaillissantes met aussitôt un terme brutal à la circulation des eaux : tous les fleuves sont asséchés, les sources taries, et, du même coup, sont vouées à l'oubli les ébauches de vie organisée dont Phoroneus s'était entouré dans l'indifférence des dieux anciens.

En même temps qu'est révolu l'âge des eaux océaniennes, s'évanouissent les figures à peine tracées de commencements ignorant la discontinuité, quand les Immortels semblent se diluer dans les premiers mortels, lorsque l'humanité a la couleur de l'ombre et paraît insensible à la faim et au désir des corps. Avec ses inventions gigognes, Phoroneus est un personnage de transition, nullement un médiateur. Il préside à des inventions mort-nées dont la plus spectaculaire est le feu soigneusement conservé dans le sanctuaire d'Apollon *Lykios* au milieu des archives d'un passé étranger au monde nouveau d'Héra et des Danaïdes. Car c'est un feu désuet et tombé en désaffection au point qu'il n'est même pas requis dans les deux seules fêtes d'Argos où le feu trouve une place. Lors des fêtes de Lerne qui exigeaient autrefois une flamme nouvelle, c'est auprès d'Artémis la Rousse *(Pyrônia),* sur le mont Crathis, que les Argiens s'en allaient la quérir, à la frontière entre l'Achaïe et l'Arcadie[135]. Quant à la fête des Torches, à Argos même, elle commémorait les signaux de feu échangés entre Lyncée et Hypermestre, le premier couple humain qui avait refusé la violence sexuelle et meurtrière pour inaugurer le temps du pouvoir partagé et des droits de l'épouse sur le lit conjugal[136]. Argos en fête est éclairée par la flamme d'un message amoureux, inaugurant un âge entièrement étranger à Phoroneus et séparé du temps qui précède l'affrontement des femmes et des hommes.

Comme un déluge inversé, la disparition de l'humide, décidée par Poséidon en colère, purifie la terre argienne de toute trace d'antériorité. Et les Danaïdes, venues de la mer, introduisent en Argolide la première humanité de chair et de sang : tout commence avec elles, avec leur violence. Dans ce paysage de mort, l'apparition de la vie se donne à travers un geste à la fois quotidien et inaugural : chercher de l'eau[137]. Quête indispensable pour commencer le sacrifice adressé aux dieux du pays, mais aussi pour prendre possession de la terre, et pour enraciner autour d'une source la vie inquiète et violente de cette race de femmes. La quête de l'eau, il faut en dire le sens, au milieu même des récits qui la racontent ailleurs et autrement. Portée par des jeunes filles, par les hydrophores, l'eau est première dans la liturgie sacrificielle : elle précède les céréales, les graines à jeter sur la victime animale[138]. Car l'eau vient en avant-courrier du sang versé sur l'autel et du feu qui fait cuire les viandes et se consumer la part des dieux. L'eau des aiguières dans l'espace sacrificiel connote à la fois la vie nourricière et l'élément lustral, le liquide répandu sur la tête des victimes : purificatrice, elle est également l'eau d'angoisse où se reflète le couteau, l'eau évocatrice du sang de l'égorgement[139]. Et dans la tradition argienne qui voit sombrer le feu de Phoroneus et disparaître sa vertu sacrificielle éphémère, l'eau avec les Danaïdes devient le personnage central de ce récit des commencements. Car le sacrifice qui la motive, et à des fins fondatrices, tend à s'effacer devant ce que l'eau, par ses vertus seules, vient instaurer : un premier contrat social qui tient sa force d'une trame de gestes rituels, destinés à faire circuler et dans le groupe humain et à travers le sol de la cité l'eau abondante, première richesse qui purifie et qui féconde. La quête de l'eau, amorcée par un sacrifice, débouche sur l'invention d'une alliance entre la gent féminine et la gent masculine, d'un contrat en termes de rituels entre la femme et l'homme.

À ce point, le récit prélève dans la troupe homogène des filles de Danaos deux d'entre elles qui vont, à l'écart de leurs sœurs et en faisant l'économie de la violence meurtrière, découvrir, par des cheminements différents mais parallèles, le mode de rapport social où la force brutale est enfin exorcisée. L'histoire des quarante-huit Danaïdes (cinquante moins deux[140]) est racontée autrement : d'abord, dans les aventures de la première, appelée Amymônè, et qui se jouent du côté des dieux ; ensuite, dans la conduite de refus qui amène Hypermestre à se désolidariser de ses sœurs unanimes à verser le sang, celui des mâles et dans le monde des hommes. Le parcours d'Amymônè, à qui il est prescrit de chercher l'eau au milieu de la sécheresse, commence par une expédition cynégétique[141]. D'évidence, la vocation à l'hydrophorie coexiste chez les Danaïdes avec une nature guerrière. Comme ses sœurs, Amymônè est coureur des bois ; elle se lance à la poursuite d'une biche, mais son javelot manque le but ; il éveille une bête autrement redoutable : un habitant des forêts, une sorte de démon semi-chevalin, un humanoïde avec des traits physiques de bestialité qui laissent présager un grand appétit sexuel. En effet, ce Satyre, car c'en est un, et de la meilleure espèce mythologique, n'a pas plutôt aperçu la Danaïde qu'il s'empresse de lui faire violence. L'intervention d'un troisième personnage met en fuite l'agresseur : c'est Poséidon, le Seigneur des eaux profondes, qui chasse le violeur, rassure Amymônè et lui tient un langage à l'opposé de la violence et du désir bestial. Le dieu caché au fond des bois, où sa colère retient l'eau des sources et des fleuves, se conduit de la manière la plus courtoise : avec des mots amoureux, tendres et séducteurs, il entreprend de convaincre la Danaïde, de la persuader de céder à son désir et de devenir son épouse. Et aux mots de la séduction succèdent les paroles d'engagement. Pour Amymônè, Poséidon invente la formule de contrat qui lie les conjoints dans le respect réciproque : « Ton destin est d'être épousée, le mien d'être ton époux[142] ».

Et en devenant première et nouvelle épouse, la Danaïde se dépouille de sa violence guerrière : elle reçoit en présent les eaux délivrées ; elle se fait hydrophore, inaugurant ainsi le règne d'Héra avec la complicité du maître des eaux souterraines, dont les noces sanctionnent sans arrière-pensée la souveraineté de sa rivale sur le pays. Désormais, le nom d'Amymônè désignera en Argolide deux points d'eau, l'un dans la cité, l'autre à la périphérie du territoire.

L'eau retrouvée jaillit à proximité de Lerne, en bordure de la mer où émergent aujourd'hui encore des eaux résurgentes. Par la volonté de Poséidon, la source Amymônè connaît un débit toujours égal, été comme hiver, et elle est, en effet, alimentée par des eaux souterraines remontant à la verticale des profondeurs de la terre[143]. Frontalière, l'eau de Lerne garantit la fertilité inaltérable du pays argien, tandis qu'au centre et au cœur de l'espace politique, l'autre source Amymônè fait surgir la liturgie des gestes qui autorisent le pouvoir régulier des femmes épousées, et dessinent au-dedans de l'alliance affirmée les figures d'un cérémonial placé sous le regard d'Héra[144]. Héra, la puissance parmi les dieux la plus entièrement vouée à la réciprocité des droits dans le mariage contractuel. Un mariage déployé au long des âges féminins, depuis la jeune fille nubile jusqu'à la vieille femme en passant par la nouvelle épousée, la femme en travail et la matrone épanouie. Autant de rôles rassemblés dans la liste des épithètes cultuelles d'Héra et qui sont évoqués à travers le rituel argien des noces, présidé par Amymônè et les sources dont les eaux, porteuses de vie, initient, purifient et confirment les vertus pacifiées des femmes d'Argos[145]. C'est toute la vie sociale qui s'édifie autour de la relation avec la femme épousée.

Au raccourci que prend Amymônè, allant

d'emblée de l'eau du sacrifice aux sources de l'eau nuptiale, répond le cheminement que suit Hypermestre, seule des filles de Danaos à refuser l'égorgement pendant la nuit de noces[146]. Elle se dérobe, elle aussi, à la violence réciproque, mais en laissant la vie sauve à son compagnon de lit, et de manière avouée parce qu'il est le seul des poursuivants qui renonce également à la violence, respecte le corps fragile de l'autre et reconnaît à la Danaïde les droits essentiels du suppliant d'abord et, ensuite, du partenaire de rang égal. C'est d'un accord mutuel que le meurtre et la violence sont conjurés, et la mutation qui s'opère à travers Hypermestre et Lyncée, entre consanguins de sexe différent et non plus ennemis, est d'autant plus dramatique qu'elle mobilise des acteurs humains, isolés au milieu de la violence générale. Parce qu'elle a osé transgresser la loi de la guerre intestine et interminable, la Danaïde rebelle est déférée devant un tribunal ; elle comparaît devant une instance juridique à laquelle il n'est pas demandé de dire le droit au lieu de la vengeance, mais de décider si, oui ou non, l'accusée a eu raison de ne pas verser le sang[147]. C'est alors que, venant relayer la parole persuasive de Poséidon envers Amymônè, Aphrodite met au service de la Danaïde la puissance de ses mots séducteurs.

Acquittée, Hypermestre consacre sur le lieu

du jugement la statue d'Aphrodite couplée à celle d'Hermès, car c'est Hermès qui souffle à l'épousée les mots amoureux et les murmures en prélude au plaisir que se donnent réciproquement la femme et l'homme ; de même qu'associé étroitement à Aphrodite Hermès préside à l'échange sexuel et au don sans réserve du désir et des corps. Avec Hypermestre, comme avec Amymônè, la persuasion triomphe de la violence, et l'alliance du couple se fait paradigme de l'ordre social, d'un ordre où, comme il convient, le pouvoir se partage, et à la manière dont Héra se dit et se veut « égale en droits » à Zeus, *isotélès* de son compagnon de lit[148]. Car ce que reconnaît à Hypermestre le tribunal d'Argos, et de façon insolite, à coup sûr, c'est le droit de décider d'elle-même — hors l'autorité du père — qui sera son époux, par libre choix et sans contrainte d'aucune sorte. L'acquittement prononcé fait d'Hypermestre un « sujet de droit » : elle peut se lier elle-même à l'homme qu'elle préfère. Et déjà la foi que Lyncée et Hypermestre se donnent mutuellement semble fonder le pacte, évoqué par Eschyle, « dont les garants sont Zeus et Héra, déesse du mariage[149] ». Préfigurant ainsi un type de mariage par *auto-ekdosis* qui ne deviendra une pratique matrimoniale reconnue que dans le droit hellénistique[150], mais qui, avec la tradition argienne, se déploie dans le silence d'une cité à venir et sans référence aucune ni à la définition de la citoyenneté ni à l'établissement d'une descendance légitime. Le mariage d'Hypermestre n'a pas en vue la production d'enfants dont la légitimité devrait être affirmée. Car il ne s'agit pas de clôturer le temps de la sexualité confuse et des unions à la manière des bêtes mais de mettre un terme à la violence, à la guerre des sexes ennemis.

Dans l'Argolide des filles de Danaos, tout commence par le mariage. Et Hypermestre, davantage qu'Amymônè, inaugure avec le pacte matrimonial le règne d'Héra sur la terre argienne et la royauté des hommes sur le territoire protégé par l'*Heraion*, le sanctuaire où trône en majesté Héra, sceptre à la main, et, devant elle, son lit conjugal flanqué des Charites et d'un grand bouclier[151]. D'Héra dite Argienne, Hypermestre est la véritable première prêtresse. Et c'est d'elle et de Lyncée que descendent les rois du pays[152] : Hypermestre engendre la race royale. Dans l'hémicycle des rois d'Argos, consacré par les Argiens, en 369, après la fondation de Messène, sa statue se dresse, devant celle de Lyncée, et immédiatement après Danaos[153]. L'exercice du pouvoir royal semble en elle inséparable du droit affirmé sur le lit conjugal, et du pouvoir, du *kratos*, obtenu par Hypermestre au nom des filles de Danaos et des femmes d'Argos.

Il reste à la troupe disciplinée et guerrière des filles anonymes de Danaos la tâche d'assumer la violence et de connaître, mais si légère, la souillure du sang versé dont elles sont délivrées aussi discrètement qu'elles se débarrassent des têtes coupées en les confiant aux abîmes sans retour des eaux de Lerne[154]. Et sur les pas d'Amymônè, d'autres noces les attendent qui leur donnent plein pouvoir sur les vertus lustrales et nourricières de l'eau. Mais il est réservé aux Danaïdes du long parcours de déborder les frontières d'Argos et d'ouvrir les limites juridiques du domaine d'Héra en direction du royaume de Déméter. À toutes les femmes de la Grèce, ce sont elles qui révèlent les fêtes initiatiques de Déméter, appelées Thesmophories, où, sans doute, la légitimité est de rigueur et les pouvoirs du corps féminin exaltés, mais où, de plus, la gent féminine, retrouvant son autonomie au-dedans même du mariage politique (au sens grec), se constitue en cité fermée et s'érige en gynécocratie reconnue et redoutée. Redoutée parce que dans l'enceinte du sanctuaire thesmophorique, formellement interdit à tout mâle, le rituel de Déméter invite les femmes à verser, et dans l'exception, le sang sacrificiel[155]. Et resurgissent alors dans la mémoire de la cité, et du plus profond de l'alliance conclue entre l'homme et la femme, la violence et le meurtre inoubliables des filles de Danaos. En instituant

les Thesmophories des épouses très légitimes
avec le rituel d'angoisse qui en est l'ombre interne, les Danaïdes semblent dire que, si le
contrat social du mariage peut exorciser le sang
et la guerre entre les plus proches ou les plus
semblables, le chiffre de l'union entre la femme
et l'homme est la violence, que la violence est à
jamais fondatrice.

Qu'il s'agisse de planter un olivier, de dresser
la table ou de faire l'amour, à chaque fois la
mythologie des cités se met à raconter des histoires pleines de violence. Des « mythes » qui se
parlent le soir, entre chien et loup, et souvent
autour du métier à tisser. Lucidité d'Orphée,
aveuglement des autres.

APPENDICES

NOTES

L'ORPHÉE DE LA MER NOIRE

1. Ainsi que le définit Pindare, *Pythiques* 4, 176-177. Fragments et témoignages dits d'Orphée ont été rassemblés dans la nouvelle édition en deux volumes d'Albert Bernabé, *Poetae Epici Graeci. Testimonia et fragmenta. Pars II. Orphicorum et Orphicis similium. Testimonia et fragmenta. Fasciculi I-II*, éd. Teubner, 2004-2005. Bibliographie du genre immense, I, XII-LXXXIII ; II, XI-XXV, et fort utile à qui veut en savoir plus, sinon trop.

2. Simonide, fr. 62 (PMG, 567 Page) = 943 T Bernabé.

3. Cf. H. Gropengiesser, « Sänger und Sirenen », *Archäologischer Anzeiger*, 1977, 583, fig. 2.

4. Par exemple, le vase dit du « Peintre de Naples », à Hambourg, publié par H. Hoffmann, « Orpheus unter den Thrakern », *Jahrbuch der Hamburger Kunstsammlungen*, t. 14-15, 1970, 31-44, fig. 1.

5. Cf. M. Schmidt, A.D. Trendall, A. Cambitoglou, *Eine Gruppe apulischer Grabvasen in Basel*, Bâle, 1976, pl. XI.

6. Cf. F.G. Lo Porto, dans *Orfismo in Magna Grecia* (Colloque de Tarente, 1974), Naples, 1979, p. 346 et pl. LIX.

7. J'y avais insisté davantage dans « Une écriture inventive », où les jeux de Palamède alternaient avec la voix d'Orphée (cf. *L'écriture d'Orphée*, Paris, 1989, 109-115).

8. Platon, *République*, 364e. À ceux, à celles qui répètent en écho une décisive « condamnation de l'écriture » par Platon, signalons à nouveau le riche inventaire des livres en la librairie de l'auteur du *Phèdre* (cf. M. Vegetti, « Dans l'ombre de Thot. Dynamique de l'écriture chez Platon » dans M. Detienne, éd., *Les savoirs de l'écriture. En Grèce ancienne*, Lille, 1988, 387-419). À lire pour réfléchir sur les ignorances d'une « grammatologie » philosophique.

9. Platon, *République*, II, 364 b-c.

10. Naguère, à Tarente, et au grand scandale de bons et braves érudits, j'ai signalé « Les chemins de la déviance : orphisme, dionysisme et pythagorisme », dans *Orfismo in Magna Grecia* (Colloque de Tarente, 1974), Naples, 1979, 49-79. Ainsi que dans « Ronger la tête de ses parents », dans M. Detienne, *Dionysos mis à mort²*, Paris, 1998, 135-160.

11. *Odyssée*, 12, 450-453. Cf. M. Detienne, « La double écriture de la mythologie » (entre le *Timée* et le *Critias*), dans *L'écriture d'Orphée*, Paris, 1989, 167-168.

12. Gérard Lenclud en a très bien écrit : « Qu'est-ce que la tradition ? », dans M. Detienne, éd., *Transcrire les mythologies. Tradition, écriture, historicité*, Paris, Albin Michel, 1994, 25-44.

13. Cf., en ce sens, « La double écriture de la mythologie » (entre le *Timée* et le *Critias*), *op. cit.*, 167-186.

14. Je m'en suis expliqué plus longuement dans *Comparer l'incomparable* (IV, *Expérimenter dans le champ des polythéismes*), Paris, Seuil, 2000, 81-104.

15. Hérodote, IV, 78-79, avec les analyses de F. Hartog, *Le miroir d'Hérodote²*, Paris, 1991, 81-102. Nouveaux

documents épigraphiques sur Scythes et Grecs d'Olbia, dans Y. Vinogradov, *Bulletin épigraphique, Revue des études grecques*, 1990, n° 535-577, n° 541-551.

16. *Orphic.* 564 T Bernabé.

17. Cf. M. L. West, « The Orphics of Olbia », *Zeitschrift für Papyrologie und Epigraphik*, XLV, 1982, 17-29 ; *Orphic.* 463-5T Bernabé.

18. Cf. M. Detienne, *Dionysos mis à mort²*, Paris, 1998, 167-170 ; A. Bernabé, « Orphisme et Présocratiques : bilans et perspectives d'un dialogue complexe », dans A. Laks et Cl. Louguet, éd., *Qu'est-ce que la philosophie présocratique ?*, Presses universitaires du Septentrion, 2002, 236-238.

19. J'ai exploré cette approche depuis « La cuisine de Pythagore », *Archives de sociologie des religions*, 29, 1970, 141-162 jusqu'à « Dionysos orphique et le bouilli rôti », dans *Dionysos mis à mort²*, Paris, 1998, 163-217.

20. Aristophane, *Grenouilles*, 1032.

21. Platon, *Lois*, 782C.

22. Cf. M. Detienne, J.-P. Vernant *et al.*, *La cuisine du sacrifice en pays grec*, Paris, 1979.

23. Ce qu'a montré naguère P. Boyancé, « Remarques sur le salut selon l'orphisme », *Revue des Études anciennes*, 43, 1941, 160-161.

24. Dossier repris et excellemment défendu par A. Bernabé, « La toile de Pénélope : a-t-il existé un mythe orphique sur Dionysos et les Titans ? », *Revue de l'histoire des religions*, 219-4, 2002, 401-433. Y ajouter les analyses de deux détails essentiels du mythe — le masque de gypse porté par les assassins de l'enfant dieu ; la « suie de la fumée » se dégageant des « Titans foudroyés » analysés par P. Ellinger, *La légende phocidienne. Artémis, les situations extrêmes, et les récits de guerre d'anéantissement* (*BCH*, Suppl. XXVII), Athènes-Paris, 1993, 147-195. Recherches peu connues des experts en

« orphisme » que j'ai déjà signalés dans une postface « Retour sur la transgression d'un meurtre sacrificiel », à *Dionysos mis à mort*[2], Paris, Gallimard, « Tel », 1998, 226-227. Paix aux sceptiques en l'affaire.

25. Toujours à Tarente, en 1974, j'avais mis l'accent sur cet aspect, en écrivant quelques pages intitulées « Du bon usage des femmes ou des manières de penser la sexualité » dans *Les chemins de la déviance, op. cit.*, 70-79. Les « Gender Studies » n'avaient pas manqué de m'adresser aussitôt un télégramme de félicitations, le premier de ma carrière.

26. Dès la fin de la guerre d'Irak et quand le Bien aura triomphé définitivement du Mal, je reprendrai à loisir les esquisses d'un livre sur « Le genre de vie pythagoricien », commencé à Johns Hopkins entre 2002 et 2003.

ENTRE APOLLON ET DIONYSOS

1. A. Laks et Gl. W. Most, éd., *Studies on the Derveni Papyrus*, Oxford University Press, 1997 ; Th. Kourèmenos, G.M. Parassoglou, K. Tsantsanoglou, éd., *Derveni Papyrus*, Florence, Olschki, 2006.

2. On verra l'analyse qu'en donne A. Bernabé, « La Théogonie orphique du papyrus de *Derveni* », *Kernos*, 15, 2002, 91-129.

3. A. Bernabé, *art. cit.*, 115 (F. 12).

4. *Ibid.*, 113-114 (F. 11).

5. *Ibid.*, 118-119 (F. 15).

6. Simple esquisse dont les « textes » sont réunis dans les *Orphicorum... Testimonia et fragmenta*, éd. A. Bernabé, 2004, fr. 90-359.

7. 175 F (112 Kern), éd. A. Bernabé.

8. Nous suivons l'analyse de W. Burkert, « La genèse des choses et des mots », *Les Études philosophiques*, 1970, 443-455.

9. Cf. A. Bernabé, « La théogonie orphique du papyrus de Derveni », *Kernos*, 15, 2002, 118-119 (Fr. 15).

10. 299 F, éd. A. Bernabé.

11. Cf. M. Detienne, *Apollon le couteau à la main*, Paris, 1998, 266-267, n. 76.

12. 301-317 F, éd. A. Bernabé. Nous avons, en 1974, montré l'intérêt d'un « problème aristotélicien » sur les significations de « rôtir le bouilli » dans la cuisine sacrificielle : M. Detienne, *Dionysos mis à mort*[2], Paris, Gallimard, « Tel », 1998, 163-217.

13. *Dionysos mis à mort*[2], *op. cit.*, 226-227.

14. 311 F, éd. A. Bernabé.

15. Cf. M. Detienne, *Dionysos à ciel ouvert* (1986), Paris, 1998, 89-99 (« Dionysos à cœur ouvert »).

16. Plutarque, *De sera numinis vindicta*, 22, 566 C = F 294, éd. O. Kern.

17. Scholies à Pindare, *Pythiques*, Argum. 1.

18. F. 643 éd. R. Pfeiffer.

19. 322 F éd. ; A. Bernabé (= F 35 ed. O. Kern).

20. 322 F éd. A. Bernabé (= aussi F 209 et 211, éd. O. Kern). Morcellement et individuation entre Proclus et Nietzsche, cf. G. Sissa, « Dionysos, corps divin, corps divisé », dans *Corps des dieux*, éd. Ch. Malamoud et J.- P. Vernant, *Le temps de la réflexion*, VII, 1986, 355-371.

21. 102 v. 4-5 F, éd. A. Bernabé (= F 62, éd. O. Kern). Autre collection de textes relatifs à Orphée et Apollon : 536-545 F, éd. A. Bernabé.

22. Eschyle, F 83, éd. H. J. Mette.

23. B. Müller, *Megas Theos*, Halle, 1913, 308.

24. Test 118 éd. O. Kern.

25. Test. 82 (*ibid.*).

26. Test. 129 (*ibid.*).

27. XI, 1-85.

28. II, 8, 3.

29. 179 d.

30. F. Lissarague, « Images grecques d'Orphée », dans *Les Métamorphoses d'Orphée*, éd. Catherine Camboulives et Michel Lavallée [Bruxelles], 1995, 19-23.

31. Test 116, éd. O. Kern.

32. VII, 111.

33. F. 86, éd. H. J. Mette.

34. *Saturnales*, I, 18, 6. Macrobe est le citateur du F 86, éd. H. J. Mette.

DES DIEUX PARMI LES HOMMES

1. Édouard Pommier, *Winckelmann, inventeur de l'histoire de l'art*, Paris, Gallimard, 2003.

2. L'intermède est un genre qui a en horreur les références érudites, et d'ailleurs la question effleurée demanderait un sérieux qu'il me faut retrouver en une autre occasion.

3. Tout cela est narré par Hésiode, *Théogonie*, 116-187.

4. Hésiode, *Les Travaux et les Jours*, 248-255.

5. *Id.*, *ibid.*, 108. Une vision partagée par Héra quand elle invoque les puissances premières, « Terre et vaste Ciel, et vous dieux Titans dont sont issus les hommes et les dieux » (*Hymne homérique à Apollon*, 336). Même mère, renchérit Pindare, *Néméennes*, VI, 1-10, mais deux espèces si différentes en puissance. Soit.

6. Hésiode, *Fragments*, 1, 6-8. Merkelbach-West avec les interprétations de Gregory Nagy, *Le meilleur des Achéens. La fabrique du héros dans la poésie grecque archaïque*, tr. fr. J. Carlier et N. Loraux, Paris, 1994, 255-264.

7. Hésiode, *Les Travaux et les Jours*, 116-126.

8. *Odyssée*, III, 435-436.

9. *Odyssée*, VII, 201-206.

10. Par exemple, A. Laumonier, *Cultes indigènes de Carie*, 1958, 274-275.

11. Georges Dumézil y a réfléchi plus d'une fois.

12. Je ne fais ainsi que reconnaître ma dette envers le livre de Richard Bodeüs, *Aristote et la théologie des vivants immortels*, Bellarmin-Les Belles Lettres, 1992. Neuf et décisif sur la question « Des dieux parmi les hommes ».

LE FESTIN MIS À NU

1. [Apollodore], *Bibl.*, III, 14, 1, éd. J.G. Frazer (comm. et notes, t. II, 78 *sq.*). Cf. Preller et Robert, *Griechische Mythologie*, 1, 3, 1894 [réimp. 1964], 202-204. Dans son rapport sur « La Grèce archaïque », publié dans les actes de la *Deuxième Conférence internationale d'histoire économique : Aix-en-Provence, 1962*, t. 1, Paris, 1965, 70 *sq.*, Édouard Will a cherché à montrer que l'oléiculture s'est développée aux dépens des autres cultures vivrières et que l'huile a servi de monnaie d'échange pour obtenir le blé dont l'Attique avait besoin. Un certain nombre de lois et de mesures « soloniennes » semblent indiquer une sorte de promotion de la culture de l'olivier. C'est d'abord la réglementation des plantations d'oliviers : les oliviers doivent être plantés en rangées, à distance égale, en respectant un intervalle de neuf pieds (Pollux, V, 36 ; Plutarque, *Solon*, 23, 7 = F 60 b Ruschenbusch). C'est ensuite l'interdiction de déraciner un olivier en quelque partie du territoire d'Athènes, si ce n'est pour le service d'un sanctuaire de la cité ou d'un dème ou encore pour l'usage personnel d'un citoyen, jusqu'à deux oliviers par an ([Démosthène], *C. Macartatos*, 71. Cf. L. Gernet, dans son édition des *Plaidoyers civils*, t. II, 120, n. 1)

C'est enfin que de tous les produits indigènes Solon ne permit de vendre à l'étranger que l'huile et défendit l'exportation des autres (Plutarque, *Solon*, 24, 1 = F 65 Ruschenbusch). Avec les réserves énoncées par Robin Osborne, *Greece in the Making 1200-479 BC*, Routledge, London and New York, 1996, 223-225. Pour l'économie et l'alimentation, cf. M.-Cl. Amouretti, *Le pain et l'huile dans la Grèce antique*, Paris, 1986.

2. Sophocle, *Œdipe à Colone*, 694-705, éd. P. Mazon et A. Dain. On y ajoutera les notes des éditions de C. E. Palmer, Cambridge, 1869, et de R. C. Jebb, Cambridge, 1885.

3. Artémidore, *Oneirocr.*, IV, 57 Pack.

4. Euripide, *Ion*, 1435-1436 ; Eschyle, *Perses*, 616-617 ; Porphyre, *De Antro Nympharum*, 33. Pour les valeurs funéraires de l'olivier, cf. F. Cumont, *La Stèle du danseur d'Antibes*, Paris, 1942, 13 *sq.*

5. Plutarque, *Quaest. conviv.*, 723 F.

6. Pline, *H. N.*, XVI, 234 ; Théophraste, *H. Pl.*, IV, 13, 2 et 5. Dans son commentaire à Pline, *H.N.*, XVI, 234 (*Collection des Universités de France*, Paris, 1962, 180), J. André écrit : « L'olivier vit de 1 000 à 2 000 ans ».

7. Pline, *H.N.*, XVII, 129, éd. J. André.

8. R. Billiard, *L'agriculture dans l'Antiquité*, Paris, 1928, 259-269.

9. Hdt. VIII, 55.

10. Cf. G. Kruse, *s.v.* « Morios », *RE* (1933), c. 307. À l'interprétation qui se satisfait de marquer une relation purement linguistique entre Zeus *Morios* et les *moriai*, sans prendre en considération les valeurs religieuses et les représentations mythiques de l'olivier à Athènes et dans d'autres parties du monde grec, toute notre analyse oppose une lecture qui souligne les affinités de l'olivier attique avec toute une tradition mythique où l'olivier est un arbre fatal en même temps que l'âme

d'un homme, confirmé dans son statut de pousse humaine. Des indications en ce sens ont été données par J. E. Harrison, « Some points in Dr Furwängler's theories on the Parthenon and its marbles », *CR*, 9, 1895, 89 ; O. Gruppe, *Griechische Mythologie,* t. II, Munich, 1906, 879 *sq.* et 1197-1198 ; A. B. Cook, *Zeus,* III, 1, Cambridge, 1940, 762 ; F. Vian, *La Guerre des Géants,* Paris, 1952, 256.

11. À l'Athéna *glaukôpis* répond l'olivier *glaukôpis,* (Euphorion, fr. 140 Meineke) : *L'Hymne homérique à Déméter,* 23, évoque les oliviers aux fruits éclatants *(aglaokarpoi elaiai)* qui n'ont pas écouté les cris de Perséphone, enlevée par Hadès.

12. Istros, 334 F 30 Jacoby (Comm., 644-645) ; Philochore, 328 F 125 ; Androtion, 324 F 39. Cf. Latte, *s.v.* « Moria », *RE,* 1933, c. 302-303.

13. Aristote, *Athen. Polit.,* IX, 2 ; Lysias, VII, éd. L. Gernet (cf. la notice du t. 1, 107-110). Cf. Wilamowitz, *Aristoteles und Athen,* I, Berlin, 1893, 240-242.

14. J. Fink, « Lieferanten der Athena », *Gymnasium* 70, 1963, 133-136 (avec la pl. XIII). Cf. P. E. Corbett, « Attic Pottery of the later Fifth Cent. from the Athenian Agora », *Hesperia* 18, 1949, 306 *sq.* (avec les planches 73 et *sq.).* Par ailleurs, il faut rappeler que plusieurs traditions précisent que la cueillette des olives doit être faite soit par de jeunes garçons et des jeunes filles vierges (Palladios, *De agric.,* I, 16, 14), soit par des hommes qui peuvent « jurer qu'ils sortent du lit de leur femme légitime et non d'un autre » (*Geoponica,* IX, 2, 5-6). Cf. A. Delatte, *Herbarius*[3], Bruxelles, 1961, 76.

15. Cf. Arist, *Athen. Polit.,* 60, 3 ; *IG,* II^2, 2311, 52 *sq.* ; et les remarques de L. Deubner, *Attische Feste,* Berlin, 1932, 34.

16. F. Vian, *La Guerre des Géants,* Paris, 1952, 247 *sq.*

17. Aristide, II, *Athéna*, 11, éd. Dindorf, t. I, p. 16 ; F. Vian, *op. cit.*, 255, n. 20, qui rappelle ce témoignage, fait remarquer que *hugieia* a le sens fort de *valetudo* avec toutes les acceptions de *valeo*.

18. *Schol.* in *Plat. Parm.*, 127a, éd. Greene, 48.

19. Philochore, 328 F 9 Jacoby (avec le *commentaire*, III, B. *Suppl.* I, Leiden, 1954, 276). Contre Pfuhl et Deubner, Jacoby a raison d'entendre *thallos* dans le sens de « rameau d'olivier ».

20. *Lex rhet.* dans *Anecdota graeca*, 1, 242, 3 *sq.* Bekker. Dans les *Promachia* de Sparte (Nilsson, *Griechische Feste*, 1906 [réimp. 1957], 470, et n. 2 et 3), on retrouve une opposition du même type entre, d'une part, les citoyens de Sparte et les périèques, et, de l'autre, les jeunes garçons qui participent encore au dressage, à *l'agôgè* : les premiers portent une couronne de roseaux (*kalamos*), tandis que les seconds ne sont pas couronnés (Athénée, 674 A).

21. Hésych, s.v. *stephanon ekpherein*. À l'olivier masculin répond la touffe de laine, réservée aux nouveau-nés de sexe féminin, par allusion au travail de la laine et au tissage (*talasia*). J. Harrison, *CR*, 9, 1895, 89 *sq.* avait déjà marqué la relation de cette coutume athénienne avec la place des *moriai* dans les représentations religieuses de l'Attique.

22. Pollux, IX, 17 ; Hésych, *s.v. astè elaia* ; Eust., 1388, 7 *sq.* Cf. A. B. Cook, *Zeus*, III, 1, 760 *sq.*

23. Cf. V. Chapot, *REA*, 1929, 7-12. Dans le calendrier d'Erchia, comme me le rappelle J. Bingen, l'expression *en astei* signifie « à Athènes » (cf. G. Daux, *BCH*, 1923, 623).

24. Cf. Van der Kolf, *s.v.* « Meleagros », *RE*, 1931, c, 446-478. Pour une lecture amplifiée du tison de Méléagre, on lira « La part du feu » dans Pierre Ellinger, *La légende nationale phocidienne. Artémis, les situations extrêmes*

et les récits de guerre d'anéantissement (*BCH*, suppl. 27),
Athènes-Paris, 1993, 246-260.

25. Phrynichos *ap.* Paus, X, 31, 4 (TGF^2, 721, fr. 6) ;
Bacchylide, V, 141 *sq.* ; [Apollodore], I, 8, 2. Cf. les études de J. Th. Kakridis, *Homeric Researchs*, Lund, 1949,
14 *sq.* (qui renvoie à ses autres travaux).

26. Sur les coutumes du septième et du dixième
jour, cf. L. Deubner, « Die Gebraüche der Griechen
nach der Geburt », *RhM* 95, 1952, 374-377.

27. Tzetzès, *Schol. in Lycoph.*, 492, éd. Scheer, t. II, 178,
11-18 ; Malalas, *Chronographia*, VI, éd. Dindorf, 165, 8 *sq.*
L'importance de cette version a été reconnue par
G. Knaack, « Zur Meleagersage », *RhM* 49, 1894, 310-
313.

28. [Plutarque], *Parall., gr. et rom.*, 26 p. 312 A : *doru*,
qui est ici associé à Arès, père de Méléagre, comme
dans la tragédie d'Euripide (*TGF*2 515-539), ne peut si-
gnifier que bois de lance ou épieu de chasse.

29. Sophocle, *Électre*, 419-423. Cf. J.-P. Vernant, *Mythe
et pensée chez les Grecs*^{3}, Paris, 1985, 166-167.

30. Cf. *Il.*, 1, 234 *sq* : le sceptre sur lequel Achille jure
un grand serment est un bâton « qui jamais plus ne
poussera ni de feuilles ni de rameaux, et, maintenant
qu'il a quitté l'arbre où il fut coupé dans la montagne,
jamais plus il ne refleurira ».

31. *Hymne homérique à Déméter*, 239-241. Cf. C. M. Eds-
man, *Ignis divinus*, Lund, 1949, 224-229.

32. Hdt, I, 108.

33. Hdt, VII, 19.

34. Cf. L. Séchan, *Études sur la tragédie grecque dans ses
rapports avec la céramique*, Paris, 1926 (réimp. 1967),
357.

35. Cf. A. Severyns, *Le Cycle épique dans l'École d'Aris-
tarque*, Paris-Liège, 1928, 342-345.

36. Malalas, *Chronogr.*, V, éd. Dindorf, p. 138-139. La valeur de talisman que possèdent de tels objets doit également expliquer leur présence dans les trésors de sanctuaires. Cf. l'olivier en or du temple d'Amphiaraos (*IG*, VII, 3498).

37. *Od.*, XIX, 109-114.

38. « Il a grandi, pareil à une jeune pousse, et, après l'avoir nourri, comme un plant, au flanc du vignoble, je l'ai envoyé... se battre contre les Troyens ». C'est Thétis qui parle ainsi de son fils (*Il.*, XVIII, 56-59).

39. Simonide, fr. 564, dans *PMG*, éd. Page.

40. Pausanias, II, 7, 7-9. Pour le complexe rituel de Sicyone, cf. A. Brelich, *Paides e Parthenoi*, Rome, 1969, 377-387. Dans un livre important, *Le chasseur et la cité. Chasse et érotique dans la Grèce ancienne* (Paris, Albin Michel, 1997), Alain Schnapp a donné de belles analyses des aventures de Méléagre en particulier sur les vases, à travers une large iconographie, inscrite dans une lecture anthropologique, neuve et rigoureuse (cf. *op. cit.*, 271-286).

41. Hésiode, *Travaux*, 144-146 ; *Théogonie*, 185-187. Cf. J.-P. Vernant, *op. cit.*, 31-35. On évoquera également les Corybantes Phrygiens que le Soleil a vus surgir de terre et pousser les premiers comme de grands arbres (*PMG* fr. 985, b 5-7, éd. Page).

42. Tzetzès, *Schol. in Lycophron*, 480, éd. Scheer, t. II, 172-173 ; cf. Weizsäcker *s.v.* « Dryops », *Roschers Lexikon*, c. 1204-1205 ; ainsi que les indications factuelles données par P. Ramat, « Su alcune tracce del totemismo nell'onomastica greca : gli etnici in-opes », *RFIC* 40, 1962, 170 *sq.*

43. Cf. Heckenbach, *s.v.* « Kaineus », *RE*, 1919, c. 1504-1505 ; M. Delcourt, « La légende de Kaineus », *RHR*, 1953, 129-150.

44. Eschyle, *Sept*, 529 *sq*. Cf. Fiehn, *s.v.* « Partheno-paios », *RE*, 1949, c. 1932-1934.

45. La lance dressée n'est pas seulement une image de guerre, c'est aussi « la représentation qualitative de l'homme debout, sa *vertu* en tant qu'agent » (E. Cassin, « Symboles de cession immobilière dans l'ancien droit mésopotamien », *L'Année sociologique*, 3ᵉ série [1952], Paris, 1955, 131 = *Le semblable et le différent. Symbolismes du pouvoir dans le Proche-Orient ancien*, Paris, 1987, 305).

46. R. Hanslik, *s.v.* « Orestheus », *RE*, 1939, c. 1016 maintient la distinction entre l'Orestheus fils de Deucalion et roi d'Étolie, et l'Orestheus fils de Lycaon, qui habite la région d'Arcadie appelée *Oresthasion* (cf. E. Meyer, *s.v.* « Oresthasion », *RE*, 1939, c. 1014-1016).

47. Hécatée de Milet, *FGrHist*, 1 F 15.

48. Phytios se situe sur le même plan que Létô *Phytia*, Poséidon *Phytalmios* et Phytalos, l'hôte de Déméter qui reçoit le figuier en remerciement de son hospitalité. Cf. J. Schmidt, *s.v.* « Phytalmios », « Phytia », et « Phytios », ainsi que K. Ziegler, *s.v.* « Phytalos », *RE*, 1941, c. 1175-1178.

49. *Il.*, IX, 533 *sq*.

50. Cf. J. Herbillon, *Les Cultes de Patras, avec une prosopographie patréenne*, Baltimore, 1929, 55-74 ; Wilamowitz, *Der Glaube der Hellenen*, I³, 1959, 374-380.

51. *Il.*, IX, 534 : *thalusia*. Cf. M. P. Nilsson, *Griechische Feste*, 1906 (réimpr. 1957), 330-332.

52. *Il.*, IX, 536-537.

53. Cf. p. ex. le mythe d'Artémis *Chitônè*, raconté dans les *Schol. in Callim. Hymn.*, I, 77 b, éd. Pfeiffer, t. II, 45.

54. Cf. Nilsson, *op. cit.*, 183-184.

55. Pour toute une tradition, l'enfant est un rameau, *thalos* (Il., XXII, 87 ; *Hymne homérique à Déméter*, 66, 187, etc. ; cf. L. Broccia, « Thallos in Asclepiade », *PP*, 6,

1951, 54-61), une jeune pousse, *ernos* (Eschyle, *Eum*, 660-661 ; Pindare, *Ném.* VI, 37 ; etc.), un jeune arbrisseau, *phuton* (Platon, *Euthyd.*, 2 *d* ; Théocrite, XXIV, 103-104), que son père a planté dans sa terre et qu'il soigne en jardinier attentif (Eschyle, *Suppl.*, 592-593). De la même manière, les hommes dans la cité sont ainsi que des plantes dans le champ ou des arbres dans le verger de ceux qui les gouvernent (Plutarque, *Moralia*, 329 B). Quant au vieillard, c'est un tronc desséché dont le feuillage se flétrit (Eschyle, *Ag.*, 79-80). Voir le cratère à colonnettes de Bologne qui montre en opposition deux Hermès-piliers, dont l'un, pourvu d'une barbe et de cheveux noirs, est honoré par une jeune femme, tandis que l'autre, portant la barbe et les cheveux blancs, reçoit l'hommage d'un vieillard, représenté à côté d'un arbre défeuillé : J. Marcadé, « Hermès doubles », *BCH*, 1952, 617-618 et fig. 22.

56. *Il.*, IX, 539-542.

57. Dans l'épopée, le sanglier est un animal aussi redoutable que le lion (*Il.*, XI, 293). Comme ce dernier, il symbolise la fureur et la puissance guerrières (*Il.*, V, 782-783 ; XVII, 20-21 ; 281-283). Achille éprouve sa force et son courage en chassant les lions et en affrontant les sangliers (Pindare, *Ném.*, III, 46-47). Par ailleurs, avant le combat que les jeunes Spartiates se livrent troupe contre troupe, au Plataniste, deux sangliers dressés s'affrontent dans un combat dont l'issue préfigure le résultat de l'épreuve du Plataniste (Pausanias, III, 14, 8-10). Il faut enfin noter que Tydée, autre fils d'Oineus et guerrier violent, apparaît solidaire du sanglier dans la tradition thébaine : soit qu'il porte un sanglier peint sur son bouclier ([Apollodore], *Biblioth.*, III, 6, 1, éd. J.-G. Frazer), soit que, à son arrivée chez Adraste, il ait revêtu la dépouille d'un sanglier (Hygin, *Fab.* 69 ; Stace, *Théb.* I, 488 *sq.*).

58. Les relations d'Ulysse avec son grand-père maternel, Autolycos, sont condensées dans l'hospitalité qu'il lui accorde à la majorité. En compagnie de ses oncles maternels, les fils d'Autolycos, Ulysse tue un sanglier géant qu'il est seul à servir, de pied ferme. (*Od.*, XIX, 395 *sq.* ; cf. la coutume macédonienne de ne participer aux repas avec les hommes qu'après avoir tué un sanglier hors des filets : Athénée, 18 A).

59. *Schol. in Eur. Hippol.*, 35.

60. *Il.*, IX, 547 *sq.*

61. Version de Malalas, citée n. 27.

62. *Il.*, XVII, 20-60.

63. Cf. P. Vidal-Naquet, « Le chasseur noir et l'origine de l'éphébie athénienne », *Annales. ESC*, 1968, 947-964. Repris dans *Le Chasseur noir*², Paris, La Découverte, 1983, 151-174.

64. Cf. L. Robert, *Études épigraphiques et philologiques*, Paris, 1938, 296-307 ; Chr. Pélékidis, *Histoire de l'éphébie attique*, Paris, 1962, 110-113.

65. Cf. N. C. Conomis, « On the Oath of the Athenian Ephebes », *Athéna*, 63, 1959, 119-131.

66. Cf. nos indications, naguère dans « La Phalange : problèmes et controverses », paru dans *Problèmes de la guerre en Grèce ancienne* (sous la direction de J.-P. Vernant), Paris, 1968, 119-142 (en part. 126-127).

67. *Syll.* ³ 527, 140-160 ; *Inscr. Cret.*, I, 1935, 84-85. Sur les problèmes politiques posés par le serment de Dréros, cf. p. ex. E. Kirsten, *s.v.* « Dreros », *RE, suppl.* B. VII, 1940, c, 141-144 et R. F. Willetts, *Aristocratic Society in Ancient Crete*, Londres, 1955, 182-185.

68. Pour la formule et sa référence à l'autochtonie, cf. L. Robert, *Études anatoliennes*, Paris, 1937, 320.

69. Ce type de combat peut s'inscrire dans le dossier constitué par A. Brelich, *Guerre, agoni e culti nella ar-*

caica, Bonn, 1961 ; *Paides e Parthenoi*, I, Rome, 1969 (en part. 200-204).

70. Cf. R. F. Willetts, *op. cit.*, 11-14 ; *Cretan Cults and Festivals*, Londres, 1962, 201-202.

71. *Id.*, « A Neotas at Dreros ? », *Hermes*, 1957, 381-384.

72. Cf. les remarques et les indications données par R. F. Willetts lui-même dans son *Aristocratic Society*, 120 *sq.* ; ensuite, dans *Cretan Cults*, 176 *sq.*

73. Nous avons déjà interrogé le loup : Marcel Detienne and Jesper Svenbro, « The Feast of the Wolves, or the Impossible City », dans M. Detienne, Jean-Pierre Vernant *et al.*, *The Cuisine of Sacrifice among the Greeks*, translated by Paula Wissing, The University of Chicago Press, 1989, 148-163 ; 249-253. Le dossier le plus riche reste celui de Giulia Piccaluga, *Lykaon. Un tema mitico*, Ateneo, Roma, 1968.

74. Deux ouvrages essentiels sur l'Arcadie : Philippe Borgeaud, *Recherches sur le dieu Pan* (« Bibliotheca Helvetica Romana », XV), 1979, Institut suisse de Rome ; Madeleine Jost, *Sanctuaires et cultes d'Arcadie* (« Études péloponnésiennes », IX), École française d'Athènes, Paris, Vrin, 1985.

75. Hérodote, VI, 105-106. Cf. Ph. Borgeaud, *Recherches*, 195-202.

76. Balises dans Michael Jameson, « Apollo Lykeios in Athens », *Archaiognosia*, I, 2, 1980, 213-235, ainsi que dans Stephan F. Schröder, « Der Apollon Lykeios und die attische Ephebie des 4. Jhs. », *Athenische Mitteilungen*, 101, 1986, 167-184. Le loup traverse les chemins d'Apollon, à Argos, à Cyrène, à Tarse en Cilicie. Cf. Carla Mainoldi, *L'image du loup et du chien dans la Grèce ancienne, d'Homère à Platon*, Paris, Ophrys, 1984, 22-28 ; Louis Robert, « Deux inscriptions de Tarse et d'Argos », *BCH*, 1977, 88-132.

77. *Asios*, F. 8 Kinkel dans Pausanias, VIII, 1, 4-4, 2. Cf. Ph. Borgeaud, *Recherches*, 41-45. Les Arcadiens par la grâce de Pélasgos sont donc « prosélènes », selon Hippys de Rhégium, historien du Vᵉ siècle avant notre ère et fort curieux de fondations : *Fragmente der griechischen Historiker*, éd. F. Jacoby, III, B, n°554 F 6, Leiden, Brill, 1964 (ouvrage cité dorénavant sous la forme usuelle : *F Gr Hist*, 554 F 6 Jacoby).

78. Pausanias, VIII, 1, 5-6. Cf. avec les commentaires de M. Jost dans le *Pausanias*, livre VIII², éd. M. Casevitz et M. Jost, Paris, Les Belles Lettres, 2002, ceux de Mauro Moggi et Massimo Osanna, éd., *Pausania*. Libro VIII, Fondazione Valla, Milano, 2003.

79. Pausanias, VIII, 4, 1.

80. Pausanias, VIII, 2, 1-7.

81. Cf. Ph. Borgeaud, *op. cit.*, 73-192.

82. Épiménide cité par Apollodore, *F Gr Hist*, 244 F 134 a Jacoby. Cf. Ph. Borgeaud, *op. cit.*, 66-67.

83. Hésiode, F 163 Merkelbach-West, et W. Sale, « The story of Callisto in Hesiod », *Rh. Mus.*, 105, 1962, 122-141.

84. Pausanias, VIII, 42, 1-7. Cf. Louise Bruit, « Pausanias à Phigalie », *Mètis*, I, 1, 1986, 71-96 ; M. Jost, *Sanctuaires et cultes d'Arcadie*, Paris, 1985, 312-317.

85. Pausanias, VIII, 42, 5-7.

86. Platon, *République*, VIII, 565 d.

87. M. Jost, *Sanctuaires et cultes d'Arcadie*, Paris, 1985, 221-222. C'est un dieu pan-arcadien.

88. Cf. l'admirable Michel Cartry, éd., *Sous le masque de l'animal. Essais sur le sacrifice en Afrique noire*, Paris, PUF, 1987.

89. Cf. Charles Malamoud, *Cuire le monde. Rite et pensée dans l'Inde ancienne*, Paris, La Découverte, 1989, 253-273.

90. M. Detienne, « Le commerce des dieux », dans Giulia Sissa et Marcel Detienne, *La vie quotidienne des dieux grecs*, Paris, Hachette, 1989, 188-201. Depuis, nous avons proposé une version moins simple du dispositif sacrificiel, en particulier dans *Apollon, le couteau à la main*, Gallimard, 1999. Stella Georgoudi fait mieux encore dans « L'occultation de la violence » dans le sacrifice grec, une de ses contributions au volume, excellent, *La cuisine et l'autel. Les sacrifices en questions dans les sociétés de la Méditerranée ancienne*, sous la direction de St. Georgoudi, R. Koch-Piettre et Fr. Schmidt, Brepols, 2005, 115-141.

91. Cf. Pauline Schmitt-Pantel, *La Cité au banquet. Histoire des repas publics dans les cités grecques*, Rome, 1992.

92. Pausanias, VIII, 2, 1-3.

93. Pausanias, VIII, 2, 3.

94. Pausanias, VIII, 2, 3-4.

95. Hécatée, *F Gr Hist* 1 F 6 bis a, éd. Jacoby (*Addenda*, I, 1957).

96. M. Jost, *op. cit.*, 251-269.

97. Nicolas de Damas, *F Gr Hist* 90 F 38, éd. Jacoby. Le vocabulaire sacrificiel des différentes versions mériterait davantage d'attention : dossier dans Ph. Borgeaud, *Recherches*, 46-51 ; C. Mainoldi, *L'image du loup*, 11-18 ; M. Jost, *Sanctuaires et cultes d'Arcadie*, 261-263.

98. Pausanias, VIII, 2, 6 ; VIII, 38, 7.

99. Cf. M. Detienne and J. Svenbro, « The Feast of the Wolves, or the Impossible City », dans M. Detienne, J.-P. Vernant *et al.*, *The Cuisine of Sacrifice among the Greeks*, The University of Chicago Press, 1989, 152-160.

100. *Ibid.*, 158-163.

101. Ce que voit bien M. Jost, *op. cit.*, 262-263, qui toutefois incline avec W. Sale à tenir les versions « pieuses » de Lycaon sacrificateur comme « plus authenti-

ques ». Et, tout en reconnaissant la justesse des analyses de Ph. Borgeaud (*op. cit.*) sur « le premier Arcadien », nous ne croyons pas vraiment qu'Arcas introduise à une « culture définitivement humanisée » (*op. cit.*, 48).

102. Pausanias, VIII, 38, 2-8.

103. *Id., ibid.*

104. Tables et autels voisinent encore dans le sanctuaire de Zeus Lykaios reproduit à Mégalopolis (M. Jost, *op. cit.*, 221-222).

105. D. Gill, « Trapezômata : A Neglected Aspect of Greek Sacrifice », *Harvard Theological Review*, 67, 1974, 117-137.

106. 265 e.

107. Au moment où je repasse sur le mont Lycée, un courrier m'apporte les sages réflexions de M. Jost, « Deux mythes de métamorphose animale : Lycaon et Kallisto », parues dans *Kernos*, 18 (2005), 347-370. Il est vrai que chaque interprétation retient certains traits, choisit le ou les codes de signification qui rendent lisibles ou plus intelligibles des récits tantôt singuliers, tantôt fascinants. Nul ne l'ignore, certaines interprétations produisent des effets, et, si l'on peut parler de mode ou de tendance, à certains moments, il faut aussi rappeler que les mises au point détachées, depuis le sérieux mérité d'une position académique, appartiennent à un genre qui est toujours de mode, entre gens bien nés. *Never mind.*

108. R. Parker, *Miasma. Pollution and Purification in Early Greek Religion*, Oxford, 1983.

109. *Iliade*, 24, 477-483.

110. L. Moulinier, *Le Pur et l'Impur dans la pensée des Grecs*, Paris, 1952 ; Jean-Louis Durand, « Formules attiques du fonder », dans M. Detienne, éd., *Tracés de fondation*, Paris-Louvain, 1990, 271-281.

111. H. van Effenterre et Fr. Ruzé, *Nomima. Recueil d'inscriptions politiques et juridiques de l'archaïsme grec*, **I**, Rome, 1994, 16-23.

112. Louis Gernet, « Delphes et la pensée religieuse en Grèce », *Annales. ESC*, 1955, 526-542 ; « Le droit pénal dans la Grèce ancienne », dans *Du châtiment dans la cité. Supplices corporels et peine de mort dans le monde antique*, Rome, 1984, 9-35.

113. Cf. Marcel Detienne, « Retour sur la bouche de la vérité », dans *Les Maîtres de vérité dans la Grèce archaïqe* (1994), nouv. éd. Le Livre de Poche, Paris, 2006, 7-39.

114. Marie Delcourt, *Oreste et Alcméon. Études sur la projection légendaire du matricide en Grèce*, Paris, 1959.

115. Jean-Louis Durand, *art. cité* (ici n. 3), 276.

116. Platon, *Lois*, IX, 865 d.

117. Je me réfère ici à un ensemble de réflexions de type comparatiste, menées entre 1989 et 1993 entre africanistes, américanistes et « hellénistes », et dont une partie a été publiée par moi-même et Michel Cartry, sous le titre *Destins de meurtriers* (*Systèmes de pensée en Afrique Noire*, n° 14), Paris, EPHE, 1996. Il m'est arrivé de revenir vers le « Pur et l'Impur », notamment dans *Comment être autochtone. Du Pur Athénien au Français raciné*, Paris, 2003 (*Naître impur à Thèbes*, 63-119), après *Apollon le couteau à la main*, Paris, 1998. Vaste domaine dont certains aspects ont été découverts récemment par Pierre Ellinger, *La fin des maux. D'un Pausanias à l'autre*, Paris, Les Belles Lettres, 2005.

118. *Odyssée*, I, 30 ; 298-300 ; III, 309.

119. Version de Stésichore : PMG, F. 215-219. Voir A. Neschke, « L'Orestie de Stésichore et la tradition littéraire du mythe des Atrides avant Eschyle », *L'Antiquité classique*, 1986, 283-301.

120. Pausanias, II, 7, 7-9.

121. Pindare, *Pythiques*, IX, 36-37.

122. Pausanias, VII, 25, 7.

123. Pausanias, VIII, 34, 1-3. Dans un essai sans peur mais non sans reproche, *Creation of the Sacred. Tracks of Biology in Early Religion* (Harvard University Press, 1996, « Finger Sacrifice », 34-55), Walter Burkert n'a pas hésité à explorer « the pars pro toto » bien au-delà de l'Ancien Testament qui n'est, après tout, qu'un livre dit révélé parmi d'autres.

124. Eschyle, *Choéphores*, 278-284.

125. Pausanias, II, 31, 4 ; 8-9.

126. Héraclite, Fr. 5 Bollack et Wismann.

127. Hippocrate, *Sur la maladie sacrée*, 4.

128. Eschyle, *Euménides*, 280-285.

129. Marie Delcourt, *Oreste et Alcméon, op. cit.*, 94-95, fig. 9.

130. *Ibid.*, 95-102.

131. Erwin Rohde, *Psyché* (tr. fr. Paris, 1893 ; repr. 1952), 599-603 ; A. Gotsmich, « Der Maschalismos und seine Wiedergabe in der griechischen Kunst », dans *Festgabe für B. Kraff*, Tübingen, 1955, 349-366 ; Apollonios de Rhodes, *Argonautiques*, IV, éd. F. Vian (Paris, 1981), 167.

132. E. Vanderpool, « A Lex Sacra of the Attic Deme Phrearrhioi », *Hesperia*, 1970, 47-53 ; E. Lupu, *Maschalismata : A Note on SEG. 34.113*, dans *Lettered Attica. A Day of Attic Epigraphy*, éd. D. Jordan et J. Trail, Athens, 2003, 69-77.

133. En attendant mieux, voir Marcel Detienne, *Apollon le couteau à la main*, Paris, 1998, 175-234 (« L'architecte du pur et de l'impur »).

DU SEXE DE LA MYTHOLOGIE

1. Pour ceux qui font grand cas de chaque syllabe de Mallarmé, disons qu'il s'agit d'un passage de la

« Lettre autobiographique » envoyée par Mallarmé à Verlaine en novembre 1885 (cf. *Œuvres complètes*, éd. H. Mondor et G. Jean-Aubry, Paris, Gallimard, 1956, « Bibliothèque de la Pléiade », p. 663).

2. L'affaire a fait grand bruit, et j'y ai fait allusion dans un « Après-propos » aux *Jardins d'Adonis*, dans la version donnée à Folio, 2007.

3. Ovide, *Fastes*, V, 195-260.

4. *Zeus Heraïos* : *IG* I², 840, 20-21 (Sokolowski, *LSC*, Paris, 1969, 1, 19-20), cf. F. Salviat, « Les théogamies attiques, Zeus Téleios et l'*Agamemnon* d'Eschyle », *BCH*, 1964, 647-654. Les « clés du mariage » : dans la main d'Héra. Ne pas laisser traîner dans celles de Zeus.

5. *Iliade*, 14, 200-210.

6. Ovide, *Fastes*, V, 243-244.

7. *Ibid.*, 195.

8. *Ibid.*, 196-229.

9. Cf. « La panthère parfumée », dans *Dionysos mis à mort*², Paris, 1980, 114-116. L'anémone, évoquée en 228 par le « fils de Cinyras », et le même Ovide, *Métamorphoses*, X, 519 *sq.*

10. *Id.*, *Fastes*, V, 251-258. À Argos, Chloris voisine avec l'Héra « en fleur » : D. Porte, « La fleur d'Olène et la naissance du dieu Mars », *Latomus*, 42, 1983, 877-884.

11. *Ibid.*, I, 204.

12. *Ibid.*, 927-930.

13. « Qui couche à côté », *parakoitès* (928).

14. *Hymne homérique à Apollon*, 305-352.

15. *Schol. B Veter. Il.* II, 783 a, éd. Erbse.

16. *Ibid.*, 6.

17. Aristote, *De la génération des animaux*, II, 3, 737 a 27-34.

18. *Oiseaux*, 694-696.

19. Arès, le désir de boire le sang, la mortalité, le dieu de la guerre blessé, étendu avec les morts dans le

sang et la poussière : cf. N. Loraux, « Le corps vulnérable d'Arès », dans *Corps des dieux,* éd. Ch. Malamoud et J.-P. Vernant, *Le Temps de la réflexion,* VII, 1986, 335-354.

20. Aristote, *Histoire des animaux,* I, 13, 493b 3 ; VII, 1, 581a 12-15.

21. Pausanias, II, 13, 3.

22. Ovide, *Fastes,* V, 228, et *Métamorphoses,* X, 519 *sq.* Cf. n. 9.

23. *De la génération des animaux,* IV, 8, 777a 5-9.

24. *Ibid.,* 777a 14-15.

25. *Ibid.,* I, 19, 726 b 7-10.

26. Modèle plus complexe dans G. Sissa, « Il corpo della donna », dans S. Campese, P. Manuli, G. Sissa, *Madre Materia. Sociologia e biologia della donna greca,* Turin, Boringhieri, 1983, 83-145. Humeurs du corps, principes d'une mécanique des fluides vitaux, invariants d'une pensée symbolique : recherches menées par F. Héritier-Augé, de 1977 à 1987 (« La mauvaise odeur l'a saisi », dans *La Fièvre,* n° du *Genre humain,* 15, 1987, 7-17). Voir Helen King, *Hippocrates' Woman : Reading the Female Body in Ancient Greece,* Londres, 1998.

27. Aristote, *De la génération des animaux,* I, 21, 730a 32 ; III, 1, 749 b 1.

28. *Ibid.,* III, 1, 749b-751a.

29. *Ibid.,* IV, 5, 774 a 1-3.

30. *Ibid.,* I, 19, 728 a 18 ; II, 3, 737a 27.

31. Cf. E. Lesky, *Die Zeugungs- und Vererbungslehren der Antike und ihr Nachwirken* (Akad. Wiss. Lit Mainz, Abh. d. geiste- und sozialwis. KL 1950, 19), Wiesbaden, 1951, et G.E.R. Lloyd, *Science, Folklore and Ideology,* Cambridge, CUP, 1983, 86-111.

32. Plutarque, *Questions de table,* IV, 10, 672e. Après les escarmouches d'Urbino, en mai 1973, contre-attaque vigoureuse de G. S. Kirk dans le *TLS,* août, 18, 1978 (« The Spicy Side of Structuralism »), exhibant

victorieusement une salade sumérienne *(hassu)* entre un mamelon et une chevelure de femme. Jean Bottéro, en juin 1975, m'avait déjà copieusement informé quand j'explorais les recoins du potager de Flora. Donc un symbolisme plus riche, et dans le monde oriental et dans le monde grec. En conséquence une attention plus vive aux multiples versions, aux différences aussi entre les Adonies de Byblos, celles d'Alexandrie ou d'Athènes. Je m'y suis exercé dans le *Dictionnaire des mythologies,* éd. Y. Bonnefoy, Paris, **I**, 1981, 1-4, ensuite dans une Postface de 1989 aux *Jardins d'Adonis,* reprise dans l'édition « revue et complétée » en 2007 pour Folio, avec des analyses encore plus savantes du contexte ethnographique, des configurations symboliques, des opérations intellectuelles, à l'œuvre entre plantes et animaux. À la manière de Lévi-Strauss, assurément, dont j'ai redit la force analytique dans « Retour sur la transgression d'un meurtre sacrificiel » ; Postface à Marcel Detienne, *Dionysos mis à mort* (1977), Gallimard, « Tel », Paris, 1998, p. 219-230.

33. Nous pensons au livre de Gr. Nagy, *The Best of the Achaeans. Concepts of the Hero in Archaic Greek Poetry,* Baltimore, 1979, en part. 118-141. De l'Apollon violent nous avons pointé les audaces dans un essai provisoire : « L'Apollon meurtrier et les crimes de sang », *QUCC,* 1986, 7-17, avant de leur faire place dans *Apollon le couteau à la main,* Paris, Gallimard, 1998.

34. Pour faire court, et peut-être aussi parce que l'essentiel sur ce point n'en est pas périmé, nous renvoyons aux informations mises en œuvre dans *Les Maîtres de Vérité dans la Grèce archaïque*[3], Paris, 1981, 81-100 (= éd. Le Livre de Poche, 2006, 153-153).

35. Louis Gernet l'avait montré dans une analyse juridique des Jeux de l'*Iliade,* au chant XXIII, parue en

1948 et reprise dans *Droit et Société dans la Grèce ancienne*, Paris, 1955, 9-18.

36. Sur le modèle de la *daïs éïsè* dans la société homérique, cf. S. Saïd, « Les crimes des prétendants, la maison d'Ulysse et les festins de *l'Odyssée* », dans *Études de littérature ancienne*, Paris, 1979, 14-23.

37. [Apollodore], *Bibliothèque*, III, 11, 2.

38. G. Berthiaume, *Les Rôles du Mageiros. Étude sur la boucherie, la cuisine et le sacrifice dans la Grèce ancienne*, Leyde-Montréal, 1982, 62-64 ; et les indications données par J. Svenbro, « A Mégara Hyblaea : le corps géomètre », *Annales ESC*, 1982, 954-955.

39. Formule naguère utilisée par P. Levêque et P. Vidal-Naquet, *Clisthène l'Athénien*, Paris, 1964, 31.

40. Cf., sur les témoignages de Plutarque, *Lycurgue*, 12, 3, et de Dicéarque, Fr. 72 Wehrli^2, la mise au point de L. Piccirilli dans *Le Vite di Licurgo e di Numa*, Rome-Milan, 1980, 253-254.

41. Depuis l'essai de Louis Gernet, *Sur le symbolisme politique en Grèce ancienne : le Foyer Commun* (1951), repris dans *Anthropologie de la Grèce antique*, Paris, 1968, 382-402 — essai qui s'ouvre à d'autres prolongements —, la bibliographie récente a montré la richesse de l'information, et découvert la diversité des aspects d'Hestia : G. Tosi, « Contributo allo studio dei pritanei », *Arte antica e moderna*, 33, 1966, 10-21 ; 151-172 ; Stephen G. Miller, « Hestia and Symmachos », *Opuscula romana*, IX, 1973, 167-172 ; *The Prytaneion. Its Function and Architectural Form*, Berkeley-Los Angeles-Londres, 1978 ; R. Merkelbach, « Der Kult der Hestia im Prytaneion der griechischen Städte », *Zeitschrift für Epigraphie und Papyrologie*, 37, 1980, 77-92 ; L. Giangiulio, « Edifia pubblici e culti nelle nuove iscrizioni da Entella », *Annali della Scuola Normale Superiore*, Classe di Lett. e Filosofia, XII, 3, 1982, 945-963. Après la découverte des

décrets d'Entella qui rappellent l'attention sur la publication de textes « politiques » dans le sanctuaire d'Hestia, un autre document de Paros est venu préciser la fonction d'archives du sanctuaire d'Hestia : W. Lambrinoudakis et M. Wörrle, « Ein hellenistisches Reformgesetz über das öffentliche Urkundenwesen von Paros », *Chiron*, 13, 1983, 283-368. Matériaux nouveaux qui invitent à prolonger les analyses faites par J.-P. Vernant, « Hestia-Hermès : sur l'expression religieuse de l'espace et du mouvement chez les Grecs » (1963), dans *Mythe et pensée chez les Grecs*[3], Paris, La Découverte, 1985, 155-201. Paradigme d'Hestia chez Aristote : M. Vegetti, « Akropolis/Hestia. Sul senso di una metafora aristotelica », dans *Poikilia. Mélanges J.-P. Vernant*, Paris, 1987, 357-368.

42. *Hymne homérique à Hestia* (I), 5-6 ; *Hymne homérique à Aphrodite* (I), 21-23.

43. *Hymne hom. Aphrod.* (I), 24.

44. Dans une dédicace faite au prytanée d'Éphèse (publiée par D. Knibbe, « Epigraphische Nachlese im Bereiche der ephesischen Agora », *Jahreshefte Wien*, 47, 1967, Beiblatt, 42) en l'honneur d'Hestia et des *themeilioi*, les dieux de la stabilité du sol, ainsi que J. et L. Robert, *Bull.* 1968, 465 (R.E.G., 1968, 514), l'entendent, nous reconnaîtrions volontiers les deux prétendants de l'hymne. Il y a un Apollon architecte, doublant le fondateur de cités : habile à tresser les pierres de fondation (Callimaque, *Hymne à Apollon*, 57-58, éd. F. Williams, Oxford, 1968, 56-57). Entre autres, les murailles de Troie sont édifiées par Apollon et Poséidon (*Iliade*, VII, 452-453). Hestia est fondatrice, elle invente la construction de la maison : Diodore, V, 68.

45. *Hymne à Aphrodite* (I), 30-32. Cf. Pindare, *Néméennes*, XI, 6-7 ; Sophocle, F. 726 Radt ; Platon, *Cratyle*, 401 a ; Pausanias, V, 14, 5.

46. *Hymne homérique à Hestia* (I), 5-6. L'Hestia du commencement est ici définie comme *prôtè* et *pumatè*.

47. Artémidore, *Clé des songes*, II, 37, éd. R. A. Pack, 173, 9-12.

48. Autrement dit, si toutes les cités n'ont pas nécessairement un Prytanée, elles ont, peut-on dire, « au moins » un autel ou un sanctuaire d'Hestia, *Hestia koiné*.

49. Clin d'œil à l'essai de J. Labarbe, « Les premières démocraties de la Grèce antique », *Bulletin de l'Académie royale de Belgique*, Cl. des Lettres, Sc. Mor. Polit., 1972, 223-254.

50. R. Meiggs et D. Lewis, *A Selection of Greek Historical Inscriptions*[4], Oxford, 1980, n. 8 (A, 1. 1-2), 14-17. Contrairement au commentaire (17) des deux historiens, Hestia n'est pas ici « la déesse », (pour quelle raison ?) mais la puissance du Foyer Commun. Nous suivons l'interprétation de C. Ampolo, « La *boulè dèmosiè* di Chio : un consiglio "popolare" ? », *La Parola del Passato*, 1983, 401-416. Les pierres bougent. Aux dernières nouvelles, ce serait la constitution d'Érythrées (O. Hansen, *L'Antiquité classique*, 54, 1985, 274-276).

51. Pausanias, I, 18, 3 éd. et comm. par L. Beschi et D. Musti, Milan, Fondazione Valla, 1982, 324.

52. Outre les travaux récents sur le Prytanée, on renvoie aux recherches de P. Schmitt-Pantel, « Les repas au prytanée et à la *tholos* dans l'Athènes classique. *Sitesis, trophè, misthos* : réflexions sur le mode de nourriture démocratique », dans *Archeologia e storia antica*, II, Naples 1980, 55-68.

53. F. Sokolowski, *Lois sacrées d'Asie Mineure*, Paris, 1955, n. 50,1.12-13. Cf. sur le *Delphinion* des Chantres de Milet, F. Graf, « Apollon Delphinios », *Museum Helveticum*, 1979, 7-9.

54. Par exemple, dans la dédicace de Thasos publiée

par F. Salviat, « Dédicaces de magistrats à Thasos », *Bulletin de correspondance hellénique*, 1958, 319-328.

55. Dossier constitué, en un premier temps, par F. Croissant et F. Salviat, « Aphrodite et les magistrats », *Bull. corr. hell.*, 1966, 460-471.

56. Pindare, *Néméennes*, XI, 1-10 : Hestia y est « prytanique ».

57. Démosthène, XIX, 189-190. Pour l'histoire de la « nourriture politique » et des modes de commensalité dans l'Athènes entre le VIe et le IVe siècle, cf. P. Schmitt-Pantel, *art. cit.*

58. Mais il y a aussi ceux qui sont nourris *à vie* dans le Prytanée : prêtres d'Éleusis, personnages choisis par Apollon, vainqueurs aux jeux Olympiques. Interprétation par P. Schmitt-Pantel, *art. cit.*, 56-59 : « une certaine image du passé d'Athènes » qui fait contraste avec le manger ensemble des 50 prytanes, représentants permanents de la cité démocratique, installés dans la *tholos*, « lieu privilégié de l'abstraction politique » (64-67).

59. Plutarque, *Solon*, 24, 5 = F. 89 Ruschenbusch et T. 493 Martina.

60. Cf. L. Ziehen, *Parasitoi*, « Realencyclopädie der classischen Altertumswissenschaft » (1949), 1377-1381. Grande variété de termes : *sunestai, sunsitoi, sumbiôtai, sunthoinoi, sitothètai* (?), à côté de *parèdres* et *d'hierophages*.

61. *Politique*, III, 6, 1322 b 26.

62. Précisons que, plus vraisemblablement, il s'agit de citoyens de première classe, de ces « bien nés », *eugeneis*, qui jouissent du droit de cité depuis trois générations (une des conditions pour devenir *timouque* à Marseille : Strabon, IV, 1, 5) et peuvent ainsi « accéder à toute magistrature et sacerdoce », comme c'est le cas pour les « démiurges », ceux qui exercent une fonction publique de commandement dans la cité de Delphes

(G. Roux, *L'Amphictionie de Delphes et le temple d'Apollon au IVe siècle*, Paris 1979, 62-65). Plus généralement, le problème est posé par Cl. Mossé, « Citoyens actifs et citoyens "passifs" dans les cités grecques : une approche théorique du problème », *Revue des études anciennes*, 81, 1979, 241-249.

63. Diogenianus, IV, 68 (= *Par. gr.* I. 242, 5-7, éd. Leutsch et Schneidewinn) ; Id., II, 40 (= *Par gr.* I. 201, 16-17) ; Zenobius, IV, 44 (= *Par. gr.* I, 97, 1-4).

64. Plutarque, I, 46 (= *Par. gr.*, I, 328,8-10) ; Diogenianus, II, 95 (= *Par. gr.* II, 35, 3).

65. Callimaque, *Hymne à Déméter*, 108.

66. *Hymne à Hestia* (I), 5-6.

67. F. Sokolowski, *Lois sacrées des cités grecques*, Paris 1969, n. 151 A, 252-257. Outre les commentaires de R. Herzog, « Heilige Gesetze von Kos », *Abhandlungen der preussischen Akademie der Wissenschaften*, Berlin, 1928, VI, 5-10 ; 42-56, et, plus récemment de D. Wichtel Kaestner, « The Coan Festival of Zeus Polieus », *The Classical Journal*, 71, 4, 1976, 344-348, ainsi que de S. M. Sherwin-White, *Ancient Cos*, Göttingen, 1978, 158-165 ; 322-323, nous devons à Jesper Svenbro les indications précieuses d'un travail encore inédit sur « le corps politique », à travers le rituel du *Polieus* de Côs. Première esquisse aujourd'hui publiée : J. Svenbro, « Le partage sacrificiel selon une loi sacrée de Côs (IVe siècle av. J.-C.) », dans *Anthropozoologica. La découpe et le partage du corps à travers le temps et l'espace*, 1987, 71-76.

68. L. 28 : Hestia y est qualifiée *d'Hétaireia*. Corrigé en *Tamia*, épithète attestée, il est vrai, à Isthmos, dème de Côs (cf. Sok., *L.S.C.*, n. 169 A 9), mais aussi bien en *Prytaneia* ou *Damia* par F. Sokolowski (*op. cit.*, 256), sous prétexte qu'*Hétaireia* est insolite et nouvelle. En Crète, Zeus est *hetaireios* (Hesychios, *s.v. hetaireios*, 1. 6483, éd. K. Latte ; Diphile, F. 20 Kock), en relation avec la ré-

partition sociale en *hétéries* et l'organisation en syssities (H. van Effenterre, *La Crète et le monde grec de Platon à Polybe²*, Paris, 1968, 86-87).

69. R. Herzog, *op. cit.*, 43. Soit trois *phulai* de 3 000 et neuf *chiliastues* de 1 000.

70. 151 A 1. 38 : *oikèma to damosion*. Le rapport avec Hestia est vraisemblable.

71. La procédure consiste pour chacune des trois tribus à amener, successivement, neuf bœufs qui, d'abord, se mêlent *(summisgontai*, 1. 7-8) sur l'agora ; ensuite, les trois plus beaux passent devant le prêtre « pour voir si l'un d'entre eux est choisi » (interprétation de J. Svenbro). Même opération pour les deux autres tribus. Et, à la fin (1.16-17), si aucun d'entre eux n'est retenu, on amène un bœuf choisi dans chaque *chiliastus*, on les fait à nouveau se mêler entre eux *(summisgontai*, 1. 17), et, cette fois, on choisit la victime pour Zeus, on fait la prière, et l'*apokérygme*, 1. 18 que J. Svenbro lit avec raison comme signifiant « mettre en vente », *apokèruttein* : vendre à la criée.

72. « Ce qui est accentué ici, c'est l'idée de l'unité du groupe civique dont les éléments doivent se perdre momentanément dans le tout » (L. Gernet, *op. cit.*, 393).

73. Hestia, en recevant la « valeur » monétaire du bœuf au nom de tous les citoyens, ne démérite pas du rôle unificateur impliqué par son titre *d'Hétaireia*.

74. 151 A, 35-43.

75. 151 A, 19-22 : la part d'honneur au *géréaphore* des rois *(basileis)*, soit la peau et une cuisse, alors que le reste de la viande revient à la cité. Tandis que pour Zeus *Polieus*, le sacrifice a lieu le lendemain de la cérémonie du choix : 151 A, 38-44.

76. 151 A 19 : *hypokuptein*.

77. Interprétation pertinente de J. Svenbro.

78. S. M. Sherwin-White, *Ancient Cos,* Göttingen, 1978, 158-165.

79. Même si elle est *Hétaireia,* et non *Tamia* comme elle l'est à Isthmos.

80. Artemidore, II, 37, éd. R. A. Pack, 173, 10 : *en-thèkè tôn prosodôn.*

81. K. Latte, *Kollektivbesitz und Staatschatz in Griechenland* (1946-1947), repris dans *Kleine Schriften,* Munich, 1968, 294-312. Enquête dont l'importance avait été relevée par L. Gernet : « Dans la cité antique, il y a État à partir du moment où il y a Trésor d'État » (*Anthropologie,* 1968, 397).

82. K. Latte, *op. cit.*

83. Hérodote, III, 57.

84. Cf. J. Labarbe, *La Loi navale de Thémistocle,* Paris-Liège, 1957.

85. Thucydide, I, 80, 4. Cf. I, 142, 1. Le mauvais état des « finances publiques » caractérise l'État spartiate : Aristote, *Politique,* II, 9, 36, 1271b 10-15.

86. Absence relevée par S. G. Miller, *The Prytaneion,* 14, n. 21. Mais il y a quand même une Hestia, sans doute « commune », la voisine de Moira.

87. Pausanias, III, 11,11 : Moira et Hestia « pour les Lacédémoniens ». Dans le mégaron de Delphes, les *Moirai* sont voisines des autels d'Hestia et de Poséidon : G. Roux, *Delphes, son oracle et ses dieux,* Paris, 1976, 98-99.

88. Aristote, *Politique,* III, 14, 22,1285b 9-11. La double royauté fait obstacle à la croissance d'Hestia et du Foyer Commun. De même qu'il n'y a pas de syssities sous le signe d'Hestia, il n'y a pas d'Hestia sous le régime des syssities. Peut-être.

89. M. M. Austin, *Greece and Egypt in the Archaic Age,* Cambridge, 1970, 22-33 et 58-69 ; J. Boardman, *The Greek Overseas*[2], Londres, 1980, 118-133.

90. Ainsi que, très explicitement, Hérodote (II, 178) le formule. Cf. M. Austin, *op. cit.*, 30.

91. J. Boardman, *op. cit.*, 120. Sanctuaire identifié par une dédicace « aux dieux des Grecs ».

92. Hermeias, *L'Apollon de Gryneion*, dans Athénée, IV, 149d = F. 112 Tresp.

93. Démonstration décisive, commencée en 1934 par L. Robert et reprise en 1962 par le même : *Opera minora selecta*, II, Amsterdam, 1969, 972-976, et 983-987. Une coupe à lèvres livrait, à la même époque, la dédicace à *Kômaios* (Apollon) : E. Simon, « Neuerwerbungen des Martin von Wagner Museums Würzburg », *Archäologischer Anzeiger*, 83, 1968, 135-136.

94. Le problème d'un personnel féminin au service de Hestia *Boulaia* se pose, au moins, à Éphèse : avec les dédicaces de femmes *prytanes*, publiées par D. Knibbe, « Forschungen in Ephesos », IX, 1, 1, *Österreichische Akademie der Wissenschaften*, Vienne, 1981, F. 1 (62-63) et F. 4 (64), et signalées par R. Merkelbach, *art. cit.*, 84-87. L'une d'elles, une jeune fille nommée Tullia, demande à Hestia, la plus ancienne des déesses, gardienne du feu éternel donné à la cité par Zeus Très Haut, de lui donner des enfants — et, même, « des enfants en tous points semblables à leur *mère* ». Il est vrai qu'une autre dédicace met en scène un *Hestiouchos* masculin et sa compagne *Kalathèphoros*. Variations. Quant au titre d'*Hestia* de la cité, décerné à certaines prêtresses de Sparte (*I.G.* V[1], 583 ; 584 ; 586), il semble apparaître à l'époque impériale. Mais l'affaire mérite enquête, on l'a compris.

95. Ce serait le cas à Hermioné, Pausanias, II, 35,1 : pas *d'agalma*, mais, au lieu d'une statue, un autel, *bômos*, sur lequel on sacrifie à Hestia. Laquelle aurait le même privilège que Vesta, au dire d'Ovide, *Fastes*, VI, 299 : le feu est son image ; sa forme, les flammes de

l'autel. Cf. G. Dumézil, *La Religion romaine archaïque*[2], Paris, 1974, 330.

96. L'Hestia-Vierge, plantée près du foyer (Porphyre, dans Eusèbe, *Prépar. Evangél.*, III, 11), ou la vieille femme d'Artémidore, II, 44, éd. R. A. Pack, 179, 3-4. Mais il y a place aussi pour la figure matronale d'Hestia au Prytanée : celle que Scopas a exécutée pour la cité de Paros (Pline, *Histoire naturelle*, 36,25) et, maintenant, le relief de Pharsale étudié par S. G. Miller, « Hestia and Symmachos » *Opuscula romana*, IX, 1973. 167-172.

97. J'ai donné une première version dans *Quaderni di Storia*, 22, 1985, 59-78. Depuis lors, Hestia n'a pas encore trouvé son historien. Sur plus d'une question la concernant, on pourra lire Pauline Schmitt-Pantel, *La cité au Banquet. Histoire des repas publics dans les cités grecques* (*Collection de l'École française de Rome*, 157), Palais Farnèse, 1992.

98. Une enquête sur les pouvoirs d'Héra dans le panthéon grec nous a ramené vers les récits argiens et le réseau des traditions sur les Danaïdes que nous avions naguère entrepris d'analyser dans une série de séminaires, résumés fort hâtivement dans l'*Annuaire de l'École pratique des Hautes Études* (*V*[e] *Section, Sciences religieuses*), t. 84, 1975-1976, 279-283. En 1982, retour sur la mythologie de l'Argolide, et, dans l'attente d'un ouvrage autour d'Héra la souveraine, un parcours rédigé pour N. Loraux et un projet « Masculin/féminin ». Finalement, l'essai paraît dans *Arethusa*, 21.2, 1988, sous une première forme.

99. L. Curtius, « Die Töchter des Danaos », dans *Jahreshefte des österreichischen archäologischen Instituts*, 39, 1952, 17-21 (cratère de Tarente, Ve siècle av. J.-C.).

100. Aristote, *Politique*, I, 3, 2, 1253 b 9-10, et les observations de J.-P. Vernant, *Mythe et société en Grèce ancienne*, Paris, 1974, 62 *sq*.

101. Platon, *Lois*, IV, 719 c 1.

102. Deux repères dans une bibliographie ramifiée et touffue : C. Bonner, « A Study of the Danaid Myth », *Harvard Studies*, 13, 1902, 129-173 ; *Aeschylus' Supplices. Play and Trilogy*, éd. A. F. Garvie, Cambridge University Press, 1969.

103. Callimaque, F. 65 et 66, éd. R. Pfeiffer ; Eschyle, F. 355, 16-28, éd. H. J. Mette.

104. Hérodote, II, 171. Qu'il nous soit permis de renvoyer à un essai qui n'est pas sans relation avec celui-ci : « Violentes "Eugénies". En pleines Thesmophories : des femmes couvertes de sang », dans *La Cuisine du sacrifice en pays grec*[3], éd. M. Detienne et J.-P. Vernant, Paris, (1979), 2006, 183-214.

105. Eschyle, *Suppliantes*, 817-840.

106. Il n'est pas question d'inceste, car rien n'interdisait les unions entre cousins parallèles, contrairement à ce qu'en écrivait E. Benveniste, « La légende des Danaïdes », *Revue de l'histoire des religions*, 136, 1949, 129-138. Et le recours à l'épiclérat paraît peu adéquat, du moins à travers le résumé d'une analyse de L. Gernet, « Observations sur les Suppliantes », *Revue des études grecques*, 1950, p. XIV. L'évocation de l'oiseau, impur s'il mange chair d'oiseau, est inséparable de ce mariage « qui ne peut être pur *(hagnos)* quand on y prend femme, *malgré* elle, *malgré* son père » *(Suppliantes, 226-228)*. Autre point de vue dans E. Lévy, « Inceste, mariage et sexualité dans les *Suppliantes* d'Eschyle », dans A. M. Vérilhac, éd., *La femme dans le monde méditerranéen*, I. *Antiquité*, Lyon, Maison de l'Orient, 1985, 29-45. Œdipe et l'inceste font partie de notre mythologie imaginaire et portative. Inceste où êtes-vous ? Cf. A. M. Vérilhac et Cl. Vial, *Le mariage grec. Du VIe s. av. J.-C. à l'époque d'Auguste*, Paris, 1998 (*BCH*, suppl. 32), 96-97. Œdipe, né « impur » ? Qui sait ?, M. Detienne, *Comment*

être autochtone. Du pur Athénien au Français raciné, Paris, Seuil, 2003 (« Naître impur à Thèbes », 63-120).

107. Jamblique, *Vie de Pythagore*, 48, éd. Deubner, 27, 1-3, et 84, p. 49, 4-6, ainsi que le Pseudo-Aristote, dans l'*Économique*, I, 4, 1, 1344 a 10-13.

108. J. Toutain, « Le rite nuptial de l'"anakaluptérion" », *Revue des études anciennes*, 1940, 345-353.

109. Pausanias, II, 4, 6-7.

110. Jean-Pierre Vernant y a insisté (*Mythe et société en Grèce ancienne*, Paris, 1974, 97).

111. *Danaïs*, F. 1, éd. Kinkel.

112. Eschyle, *Suppliantes*, 287-289.

113. Mélanippide, F. 757 *PMG*, éd. Page, avec les lectures de G. Giangrande, « Interpretationen griechischer Meliker », *Rheinisches Museum*, 114, 1971, 118-124 et l'essai d'A. Moreau, « Les Danaïdes de Mélanippide : la femme virile », *Pallas*, 32, 1985, 59 *sq.* Avec, du même auteur, les analyses déployées dans *Eschyle, la violence et le chaos*, Paris, Les Belles Lettres, 1985, 58-59 ; 195-202 ; 297-301.

114. Les données sont dans Plutarque, *De mulierum virtutibus*, 245 E ; le rapprochement entre Danaïdes et Argiennes courageuses dans Clément d'Alexandrie, *Stromates*, IV, 120, 3.

115. Plutarque, *De mulierum virtutibus*, 245 E.

116. Pausanias, II, 38, 4.

117. *Ibid.*, II, 15, 5 ; Akousilaos, *F Gr hist* 2 F 1 et 23 A Jacoby ; *Iliade*, 21, 195-197 ; 14, 200-201.

118. Hésiode, F. 126 West-Merkelbach.

119. Pseudo-Apollodore, *Bibliothèque*, II, 1, 1 ; *Schol. à Lycophron*, 177, éd. Scheer, 86, 22-23.

120. *Phoronis*, F. 1 Kinkel. ; Akousilaos 2 F 23 A Jacoby ; Platon, *Timée*, 22 A.

121. Pausanias, II, 20, 3.

122. Hésiode, F. 123 West-Merkelbach.

123. Pausanias, II, 19, 5-6.

124. *Schol. Sophocle, Électre*, 4, éd. Papageorgias.

125. Le feu trouvé par le hasard d'un arbre fou-droyé : Diodore, I, 13, 3 ; Vitruve, 33, 16-23. Cf. Th. Cole, *Democritus and the Sources of Greek Anthropology*, American Philological Association, 1967.

126. Hésiode, *Théogonie*, 563, éd. West (1966, 323), avec les *Scholia vetera*, éd. L. Di Gregorio, Milan, 1975, p. 85, 17-20.

127. Musée, F. 4 Diels-Kranz ; Hésychius, *s.v. Melias karpos*. À Thèbes, Melia est une nymphe *autochtone* ; unie à Apollon, elle engendre Isménios (Callimaque, *Hymne à Délos*, 79 *sq.*).

128. Hésiode, *Travaux*, 145. Cf. *Il.*, 16, 143.

129. Hygin, *Fab.* 274, 8, Rose.

130. Hygin, *Fab.* 143. Cf. Clément, *Protreptique*, III, 44, 1.

131. Hygin, *Fab.* 274, 8.

132. Pausanias, II, 15, 5 ; Tatien, *Disc. aux Grecs*, 39, 148 *sq.*

133. *Oxyrrh. Pap.*, X, 1241, c. IV, 3 *sq.*

134. Pausanias, VIII. 15, 5.

135. Pausanias, VIII, 15, 9.

136. Pausanias, II, 25, 4.

137. Hygin, *Fabulae*, 169e éd. H. J. Rose ; (Pseudo-Apollodore), *Bibl*, II, 4, 4.

138. Théophraste, *Peri Eusebeias*, F. 18 éd. Pötscher. Pour le rapport entre l'eau et les graines dans le céré-monial du sacrifice, cf. J.-L. Durand, *Sacrifice et labour en Grèce ancienne*, Paris-Rome, 1986, 123-133.

139. Callimaque, F. 75, 10-11, éd. Pfeiffer.

140. Le décompte est fait dans la version de Pindare, *Pythiques* 9, 112-116, quand il s'agit de raconter le ma-riage collectif des Danaïdes, après la nuit sanglante.

141. Pseudo-Apollodore, *Bibliothèque*, II, 1, 4.

142. Eschyle, F. 131 éd. H. J. Mette.

143. Pausanias, II, 37, 4 ; Strabon, VIII, 6, 8, c. 371. Cf. R. Baladié, *Le Péloponnèse de Strabon*, Paris, 1980, 87-88.

144. Callimaque, F. 66 éd. R. Pfeiffer : Amymônè avec trois de ses sœurs. Il y avait à Argos, vraisemblablement dans la cité, quatre puits sacrés, dont le forage est attribué aux Danaïdes : Strabon, VIII, 6, 7-8, c. 370-371.

145. Eschyle, F. 355, 16 *sq.*, éd. H. J. Mette.

146. *Id.*, *Prométhée*, 865 ; Pindare, *Néméennes*, X, 6.

147. Pausanias, II, 19, 6.

148. *Orphicorum fragmenta*, F. 163, éd. O. Kern.

149. Eschyle, *Euménides*, 213.

150. J. Modrzejewski, « La structure juridique du mariage grec », *Annuaire scientifique de la Faculté autonome des sciences politiques d'Athènes « Panteios »*, Athènes, 1981, 53-60.

151. Pausanias, II, 17, 3-4.

152. Hésiode, F. 129, 3, éd. West-Merkelbach ; Pausanias, X, 10, 3-5.

153. Cf. J. Pouilloux et G. Roux, « L'hémicycle des rois d'Argos », dans *Énigmes à Delphes*, Paris, 1963, 46-51.

154. [Pseudo-Apollodore], II, 1, 5.

155. Pour une lecture du châtiment des Danaïdes en clé de « corps féminin », cf. l'essai juste et convaincant de Giulia Sissa, *Le corps virginal ; la virginité féminine en Grèce ancienne*, Paris, Vrin, 1987, 145-187 (« Ni vierges ni mères »). Depuis lors, dans une littérature luxuriante, je retiendrai Froma Zeitlin, *The Politics of Eros in the Danaid Trilogy of Aeschylus*, dans *Playing the Other. Gender and Society in Classical Greek Literature*, The University of Chicago Press, 1996, p. 123-171 ; Marcel Piérart, « Omissions et malentendus dans la "Périégèse" : Danaos et ses filles », *Kernos*, suppl. 8 : *Les Panthéons des cités*, Liège, 1998, p. 165-193. L'imaginaire d'Argos étu-

dié par Pierre Sauzeau, *Les partages d'Argos. Sur les pas des Danaïdes*, Paris, Belin, 2005 fait la part belle à l'« initiation tribale », tout en explorant une large série de plans sémantiques qui traversent la mythologie de l'Argolide.

INDEX[1]

Achille : 24, 98-99, 101, 140, 195 n. 30, 198 n. 57.
Adonis : 124, 130-131, 133.
Adraste : 198 n. 57.
Alkinoos : 59.
Althaia : 70, 78.
Amasis : 155.
AMPOLO, C. : 211 n. 50.
Amymônè : 175-181.
ANAXAGORE : 136, 152.
Antiphon : 107.
Aphrodite : 35-36, 39, 130, 133, 147, 156, 178-179.
APOLLODORE : 167, 201 n. 82, 209 n. 37.
Apollon : 12-13, 15, 17-18, 22, 25, 31-32, 39-48, 50-51, 73, 84, 112, 115-118, 120, 138, 140, 145, 147-148, 156-157, 169, 172, 189 n. 21, 208 n. 33, 210 n. 44, 220 n. 127.
Arcadie : 83-84, 87, 89.
Arcas : 85-86, 203 n. 101.
Archégète : 120.
Arès : 112, 127, 195 n. 28, 206 n. 19.

* Établi par Iseut Bellock-Swain.

DU MÊME AUTEUR

HOMÈRE, HÉSIODE ET PYTHAGORE. POÉSIE ET PHILOSOPHIE DANS LE PYTHAGORISME ANCIEN, Bruxelles, coll. « Latomus », t. LVII, 1962.

DE LA PENSÉE RELIGIEUSE À LA PENSÉE PHILOSOPHIQUE. LA NOTION DE DAÏMÔN DANS LE PYTHAGORISME ANCIEN, Paris, Les Belles Lettres, 1963.

CRISE AGRAIRE ET ATTITUDE RELIGIEUSE CHEZ HÉSIODE, Bruxelles, coll. « Latomus », t. LVIII, 1963.

LES MAÎTRES DE VÉRITÉ DANS LA GRÈCE ARCHAÏQUE, Paris, Maspero, 1967 ; nouvelle éd. avec postface, coll. « Pocket-Agora », 1994 ; Livre de Poche, 2006.

LES JARDINS D'ADONIS. LA MYTHOLOGIE DES AROMATES EN GRÈCE, Paris, Gallimard, 1972 ; nouvelle éd. revue et corrigée avec postface, 1989 ; Folio Histoire, 2007.

LES RUSES DE L'INTELLIGENCE. LA MÉTIS CHEZ LES GRECS (en collaboration avec Jean-Pierre Vernant), Paris, Flammarion, 1974 ; coll. « Champs », 1978.

DIONYSOS MIS À MORT, Paris, Gallimard, 1977 ; coll. « Tel », 1998.

LA CUISINE DU SACRIFICE EN PAYS GREC (en collaboration avec Jean-Pierre Vernant et al.), Paris, Gallimard, 1979.

L'INVENTION DE LA MYTHOLOGIE, Paris, Gallimard, 1981 (éd. revue, 1987) ; coll. « Tel », 1992.

DIONYSOS À CIEL OUVERT, Paris, Hachette, 1986 ; coll. « Pluriel », 1998.

L'ÉCRITURE D'ORPHÉE, Paris, Gallimard, 1989.

LA VIE QUOTIDIENNE DES DIEUX GRECS (en collaboration avec Giulia Sissa), Paris, Hachette, 1989.

APOLLON, LE COUTEAU À LA MAIN, Paris, Gallimard, 1998.

COMPARER L'INCOMPARABLE, Paris, Seuil, 2000.

COMMENT ÊTRE AUTOCHTONE. DU PUR ATHÉNIEN AU FRANÇAIS RACINÉ, Paris, Seuil, 2003.

THE WRITING OF ORPHEUS. GREEK MYTH IN CULTURAL CONTEXT, Baltimore and London, Johns Hopkins University Press, 2003.

LES GRECS ET NOUS. UNE ANTHROPOLOGIE COMPARÉE DE LA GRÈCE ANCIENNE, Paris, Plon-Perrin, 2005.

Ouvrages collectifs

LES SAVOIRS DE L'ÉCRITURE. EN GRÈCE ANCIENNE, sous la dir. de M. Detienne, Lille, Presses universitaires de Lille, 1988.

TRACÉS DE FONDATION, sous la dir. de M. Detienne, Louvain-Paris, Peeters, 1990.

TRANSCRIRE LES MYTHOLOGIES. TRADITION, ÉCRITURE, HISTORICITÉ, sous la dir. de M. Detienne, Paris, Albin Michel, 1994.

LA DÉESSE PAROLE. QUATRE FIGURES DE LA LANGUE DES DIEUX (*Inde, Célèbes-Sud, Géorgie, Cunas du Panamá*), sous la dir. de M. Detienne et G. Hamonic, Paris, Flammarion, 1994.

DESTINS DE MEURTRIERS, sous la dir. de M. Cartry et M. Detienne, Paris, École pratique des hautes études, coll. « Systèmes de pensée en Afrique noire », 1996.

QUI VEUT PRENDRE LA PAROLE ?, sous la dir. de M. Detienne, *Le Genre humain*, n° 40-41, Paris, Seuil, 2003.

Composition Interligne.
Impression Société Nouvelle Firmin-Didot
à Mesnil-sur-l'Estrée, le 22 janvier 2007.
Dépôt légal : février 2007.
Numéro d'imprimeur : 83438.

ISBN 978-2-07-034182-5/Imprimé en France.

146233